Liv Larsson und Katarina Hoffmann
42 Schlüsselunterscheidungen in der GFK
Für ein tieferes Verständnis der Gewaltfreien Kommunikation

Aus dem Schwedischen von Judith Momo Henke

Ausführliche Informationen zu jedem unserer lieferbaren und geplanten Bücher finden Sie im Internet unter ↗ http://www.junfermann.de. Dort können Sie auch unseren Newsletter abonnieren und sicherstellen, dass Sie alles Wissenswerte über das Junfermann-Programm regelmäßig und aktuell erfahren. – Und wenn Sie an Geschichten aus dem Verlagsalltag und rund um unser Buch-Programm interessiert sind, besuchen Sie auch unseren Blog ↗ http://blogweise.junfermann.de.

LIV LARSSON UND KATARINA HOFFMANN

42 SCHLÜSSEL-UNTERSCHEIDUNGEN IN DER GFK

FÜR EIN TIEFERES VERSTÄNDNIS DER GEWALTFREIEN KOMMUNIKATION

AUS DEM SCHWEDISCHEN VON JUDITH MOMO HENKE

Junfermann Verlag
Paderborn
2013

Copyright	© der deutschen Ausgabe: Junfermann Verlag, Paderborn 2013 © der Originalausgabe: Liv Larson, 2011 Die Originalausgabe ist 2012 unter dem Titel *„42 Nyckelskillnader för djupare förståelse av Nonviolent Communication"* im Verlag Friare Liv konsult erschienen. info@friareliv.se, www.friareliv.se.
Illustrationen	Vilhelm Nilsson
Übersetzung	Judith Momo Henke
Coverbild	© Cristian Baitg – iStockPhoto.com
Covergestaltung / Reihenentwurf	Christian Tschepp

Satz	Peter Marwitz, Kiel (etherial.de)
Bibliografische Information der Deutschen Nationalbibliothek	Die Deutsche Nationalbibliothek verzeichnet diese Publikation in der Deutschen Nationalbibliografie; detaillierte bibliografische Daten sind im Internet über http://dnb.d-nb.de abrufbar.

ISBN 978-3-87387-924-9

Dieses Buch erscheint parallel als E-Book
(ISBN 978-3-87387-966-9.

Inhalt

Wegweiser

Für diejenigen, die sich im Hinblick auf ein bestimmtes Thema mit den Schlüsselunterscheidungen beschäftigen möchten, haben wir eine Einteilung der Texte vorge-
nommen, die Ihnen hoffentlich hilft, schneller zu finden, was Sie suchen.

Schlüsselunterscheidungen rund um die vier Komponenten der GFK

1. Der Unterschied zwischen „Beobachtungen" und „Bewertungen"
2. Der Unterschied zwischen „Gedanken" und „Gefühlen"
3. Der Unterschied zwischen „Bedürfnissen" und „Strategien"
4. Der Unterschied zwischen „vagen Bitten" und „klaren, machbaren Bitten"
5. Der Unterschied zwischen einer „Bitte um das, was man will" und einer „Bitte um das, was man nicht will"
6. Der Unterschied zwischen „Bitten" und „Forderungen"

Schlüsselunterscheidungen rund um „Wölfe" und „Giraffen"

7. Der Unterschied zwischen „klassisch Giraffisch" und „umgangssprachlich Giraf-fisch"
8. Der Unterschied zwischen „Giraffe sein" und „sich wie eine Giraffe verhalten"
9. Der Unterschied zwischen „Ehrlichkeit der Giraffe" und „Ehrlichkeit des Wolfes"
10. Der Unterschied zwischen „Giraffenschrei" und „Wolfsschrei"
11. Der Unterschied zwischen „Nein sagen als Wolf" und „Nein sagen als Giraffe"
12. Der Unterschied zwischen „sich giraffisch entschuldigen" und „sich wölfisch ent-schuldigen"

Schlüsselunterscheidungen rund um Ehrlichkeit

1. Der Unterschied zwischen „Beobachtungen" und „Bewertungen"
2. Der Unterschied zwischen „Gedanken" und „Gefühlen"
3. Der Unterschied zwischen „Bedürfnissen" und „Strategien"
4. Der Unterschied zwischen „vagen Bitten" und „klaren, machbaren Bitten"
9. Der Unterschied zwischen „Ehrlichkeit der Giraffe" und „Ehrlichkeit des Wolfes"
28. Der Unterschied zwischen „moralischen Urteilen" und „Bewertungen auf der Basis von Bedürfnissen"
35. Der Unterschied zwischen „Stimulus" und „Ursache"

Schlüsselunterscheidungen rund um Empathie

13. Der Unterschied zwischen „mit Fokus auf den Inhalt zuhören" und „mit Fokus auf den Prozess zuhören"
14. Der Unterschied zwischen „Empathie mit Fokus auf Bedürfnissen" und „Empathie mit Fokus auf unerfüllten Bedürfnissen"
15. Der Unterschied zwischen „behaupten" und „vermuten"
16. Der Unterschied zwischen „intellektuell vermuten" und „empathisch vermuten"
17. Der Unterschied zwischen „Sympathie" und „Empathie"
18. Der Unterschied zwischen „Ratschlägen" und „Empathie"
19. Der Unterschied zwischen „empathisch zuhören" und „trösten"
20. Der Unterschied zwischen „trauern" und „aufgeben"
21. Der Unterschied zwischen „Selbstempathie" und „sich in Gefühlen suhlen"
22. Der Unterschied zwischen „Selbstempathie" und „seine Gefühle ausagieren"

Schlüsselunterscheidungen rund um Selbstempathie

13. Der Unterschied zwischen „mit Fokus auf den Inhalt zuhören" und „mit Fokus auf den Prozess zuhören"
17. Der Unterschied zwischen „Sympathie" und „Empathie"
20. Der Unterschied zwischen „trauern" und „aufgeben"
21. Der Unterschied zwischen „Selbstempathie" und „sich in Gefühlen suhlen"
22. Der Unterschied zwischen „Selbstempathie" und „seine Gefühle ausagieren"

Schlüsselunterscheidungen rund um Macht

23. Der Unterschied zwischen „dominanzorientierten Systemen" und „bedürfnisorientierten Systemen"
24. Der Unterschied zwischen „Macht mit Menschen" und „Macht über Menschen"
25. Der Unterschied zwischen „Angst vor Autoritäten" und „Respekt vor Autoritäten"
26. Der Unterschied zwischen „Gehorsam" und „Selbstdisziplin"
27. Der Unterschied zwischen „beschützender Machtausübung" und „bestrafender Machtausübung"
28. Der Unterschied zwischen „moralischen Urteilen" und „Bewertungen auf der Basis von Bedürfnissen"
29. Der Unterschied zwischen „Bestrafungen" und „Konsequenzen"
30. Der Unterschied zwischen „Schwäche" und „Verletzlichkeit"
31. Der Unterschied zwischen „äußerer Motivation" und „innerer Motivation"
32. Der Unterschied zwischen „Wahlfreiheit" und „Abhängigkeit"

Einleitung

Wir haben dieses Buch geschrieben, um verschiedene Begriffe in der Gewaltfreien Kommunikation (GFK) genauer unter die Lupe zu nehmen und so einige wichtige Unterschiede zwischen der GFK und unserer alltäglichen Kommunikationsweise zu verdeutlichen. In der GFK sprechen wir von „Schlüsselunterscheidungen" und im vorliegenden Buch wollen wir einige davon beschreiben.

Wir hoffen, dass Sie, wenn Sie sich mit diesen Unterschieden beschäftigen, neue Wege des Denkens und der Kommunikation entdecken. Die hier aufgeführten Schlüsselunterscheidungen können Ihnen zum Beispiel helfen zu entscheiden, wann und wie Sie die vier Grundkomponenten in der GFK[1] – Beobachtungen, Gefühle, Bedürfnisse und Bitten – anwenden möchten.

Hoffentlich werden sie Ihnen darüber hinaus verdeutlichen, wie Sie sich selbst und anderen auf eine Weise zuhören können, sodass eine Verbindung entsteht. Wir sind zuversichtlich, dass Sie dadurch mehr Freiheit gewinnen, Ihre Bedürfnisse auszudrücken.

Dieses Buch leistet keine allumfassende Beschreibung der GFK, sondern konzentriert sich auf die Schlüsselunterscheidungen. Indem wir wichtige Aspekte unserer Kommunikation und unserer Konfliktlösungsstrategien beleuchten und sie uns folglich bewusst machen, können wir sie als Inspirationsquelle für neue Möglichkeiten nutzen, uns anderen gegenüber zu verhalten.

Mithilfe der Schlüsselunterscheidungen möchten wir einen unbekannten oder wenig vertrauten Begriff erklären[2], indem wir ihn einem anderen Begriff gegenüberstellen, der vielleicht bekannter ist. Beispielsweise ist es leichter, ein Tandemrad zu erklären, wenn wir ein gewöhnliches Fahrrad zugrunde legen und die Unterschiede aufzeigen können – vorausgesetzt, der andere hat eine klare Vorstellung von dem Begriff Fahrrad. Und wenn wir das japanische Instrument Koto beschreiben wollen, gelingt das leichter, wenn wir von der finnischen Kantele, der schwedischen Schlüsselharfe oder der alpenländischen Zither ausgehen. Um unser Anliegen an diesem Beispiel zu verdeutlichen: Wir haben nicht etwa den Anspruch, alle Instrumente oder auch nur alle Saiteninstrumente den Kategorien Koto, Kantele, Schlüsselharfe oder Zither zuzuordnen. Wir beschreiben einzig und allein die Unterschiede, ohne damit etwas über ihre Qualität oder über weitere Instrumente zu sagen. Es geht nicht darum festzustellen, das eine sei richtig oder falsch, besser oder schlechter als das andere. Wir beantworten einfach die Frage: „Worin besteht der Unterschied?" Dass diese Frage gestellt wird, ist uns ebenso wichtig wie die Antwort.

„Wölfe" und „Giraffen"

Die GFK wird in Anlehnung an die teilweise aus pädagogischen Gründen verwendeten Metaphern „Giraffe" und „Wolf" auch als „Giraffensprache" bezeichnet.[3] In anderen Ländern kann statt des „Wolfes" eine andere Metapher gebräuchlich sein.

Wenn wir den „Wolf" als Symbol verwenden, betonen wir die wertvolle Botschaft dessen, was er uns zu sagen hat, und möchten nicht dazu beitragen, dieses Tier zu verteufeln.

Die „Giraffe" fungiert als Symbol für eine Sprache, die leichter zu einer direkten Verbindung führt und auf einer Linie mit der Haltung liegt, auf der die GFK basiert: einer Sichtweise, die davon ausgeht, dass Menschen einander unterstützen möchten, sofern sie es aus freien Stücken tun können. Der „Wolf" wird als Symbol für eine Sprache genutzt, die es schwerer macht, miteinander in Kontakt zu treten – manchmal glückt es, manchmal nicht. Da die meisten von uns gewohnt sind, in Begriffen wie „richtig" und „falsch" zu denken, nehmen wir vielleicht an, die „Wolfssprache" sei falsch, die „Giraffensprache" richtig – aber das ist nicht der Sinn und Zweck dieser Metaphern. Wenn wir von „Wölfen" und „Giraffen" sprechen, möchten wir damit wesentliche Unterschiede verdeutlichen und es Ihnen erleichtern, neue Kommunikationsarten einzuüben und auszuprobieren.[4]

Schlüsselunterscheidung 1:
Der Unterschied zwischen „Beobachtungen" und „Bewertungen"

„Die höchste Form menschlicher Intelligenz ist die Fähigkeit, zu beobachten ohne zu bewerten."

Jiddu Krishnamurti

Wenn es uns gelingt, unsere Beobachtungen von unseren Bewertungen zu trennen, verringern wir das Risiko, dass andere unsere Äußerungen als Kritik verstehen. Mit einer **Beobachtung** meinen wir das, was wir mit unseren Sinnen erleben – also etwas, das wir sehen, hören, riechen, schmecken oder fühlen können. Eine Beobachtung ist das, was eine Videokamera aufzeichnen könnte.

Mit **Bewertungen** meinen wir die Folgerungen, die wir aus unseren Beobachtungen ziehen. Wir beschreiben Eigenschaften der beobachteten Person oder des beobachteten Ereignisses, ziehen daraus Schlüsse und bewerten dann das Erlebte als gut oder schlecht, normal oder unnormal. Bewertungen sind wie die Kritik des „Films", den wir gesehen haben.

Wenn wir eine Person sehen, die sich vom Sofa erhebt, zum Fernseher geht, ihn hochhebt, zum Fenster trägt und ihn mit Schwung durch die geschlossene Scheibe wirft, ist das eine Handlungsabfolge, die eine Videokamera aufzeichnen könnte. Hätten wir diese Szene gesehen und würden anschließend jemandem davon erzählen, wären unserem Bericht sicher einige Bewertungen beigefügt. Das könnte sich etwa so anhören:

„Er tickt nicht ganz richtig, er hat den Fernseher genommen und ihn aus dem Fenster geworfen."

Mit den Informationen, die wir haben, kann niemand sicher sagen, wie der Werfer „tickt" – das ist eine Bewertung. Vielleicht war sein Handeln, wenn wir es von einer anderen Warte aus betrachten, vernünftig und entschlossen. Möglicherweise hat der Mann bemerkt, dass es aus dem Fernseher angebrannt riecht. Dann würden wir sein Verhalten vielleicht als besonnen interpretieren.

Oder denken wir an jemanden, der 20 € auf ein Spendenkonto für Waisen einzahlt – eine Tat, die wir entweder als großzügig oder auch als knauserig bewerten können,

je nachdem was wir aus dem Verhalten der Person schließen. Wenn wir von diesem Ereignis erzählen, könnten wir etwa sagen:

„Sie ist so großzügig! Obwohl sie nur ihre kleine Rente zum Leben hat, hat sie dem Kinderheim 20 € gespendet."

Ist die Person, die das Geld auf das Spendenkonto eingezahlt hat, hingegen als ungeheuer reich bekannt, würden wir sie oder ihn vielleicht als geizig bezeichnen. Und genau genommen wissen wir gar nichts über diese 20 €. Es könnte sich genauso gut um einen fälligen Rechnungsbetrag handeln, der von einer – und schon wieder eine Bewertung – nachlässigen Person aus Versehen auf das falsche Konto überwiesen wurde.

Reflexion

Die Schwierigkeit, Beobachtungen und Bewertungen auseinanderzuhalten, kann Feindbilder schaffen oder verstärken. Zum Beispiel berichtete ein Reporter während der schweren Überschwemmungen in New Orleans im Jahr 2005 in einer Nachrichtensendung von Menschen, die verlassene Geschäfte betraten. Er sagte:

„Sie wollen um jeden Preis ihr eigenes Überleben und das ihrer Familie sichern."

In den dazugehörigen Bildern war deutlich zu sehen, dass die beschriebenen Personen europäischer Abstammung waren. Im Bericht aus einem anderen Teil der Stadt sprach er hingegen von „Plünderungen" und die Personen auf diesen Aufnahmen waren allesamt Afroamerikaner. Wertungen dieser Art können dazu beitragen, dass Feindbilder entstehen und am Leben erhalten werden. Außerdem können sie selbsterfüllende Prophezeiungen hervorrufen. Wir sehen nicht, was tatsächlich passiert oder was jemand wirklich tut, sondern bestätigen ein Bild, das bereits fest in unserem Denken verankert ist.

Während meiner Studienzeit habe ich an einem sogenannten zeugenpsychologischen Experiment teilgenommen, das zeigte, wie unsere fertigen Bilder – das, was wir oft als im Voraus gefasste Meinungen bezeichnen – unsere Wahrnehmung beeinflussen. Uns wurde ein kurzer Film über einen Verkehrsunfall gezeigt. Das eine Auto war ein nagelneuer Mercedes, der fast lautlos vorwärtsglitt, das andere eine alte Kiste mit röhrendem Auspuff. Der Zusammenstoß der beiden Autos erschien mir gewaltig. Nach dem Film sollten wir einen Fragebogen ausfüllen und unter anderem angeben, wie schnell die beiden Autos unserer Meinung nach gefahren waren und wer entsprechend geltender Verkehrsregeln den Unfall verursacht hatte. Alle Studenten in der

Gruppe waren sich einig, dass die alte Kiste zu schnell gefahren war, schneller als der Mercedes. Außerdem hatte der Fahrer unserer Meinung nach gegen die Verkehrsregeln verstoßen und so den Unfall verursacht. Als wir den Film ein zweites Mal sahen, mussten wir ziemlich verdutzt (Bewertung!) feststellen, dass es genau umgekehrt war: Der Fahrer des Mercedes war zu schnell gefahren und hatte sich nicht an die Regeln gehalten.

Schlüsselunterscheidung 2:
Der Unterschied zwischen „Gedanken" und „Gefühlen"

Jemand hat einmal den Abstand zwischen Herz und Hirn als den längsten halben Meter der Welt bezeichnet. Vielleicht weil viele Menschen es als schwierig empfinden, ihren Gefühlen zu lauschen und zwischen Denken und Fühlen zu unterscheiden.

Unsere **Gedanken** sind unter anderem Interpretationen, die wir über unsere Gefühle und die ihnen zugrunde liegenden Ursachen anstellen. Diese Gedanken werden von der Kultur geformt, in der wir aufwachsen, und von der Sprache, die wir gelernt haben. Wir machen uns Vorstellungen und ziehen mehr oder weniger vorschnelle Schlüsse.

Vielleicht beziehen wir auch etwas mit ein, das zusammen mit unserem Gefühl aufgetreten ist, um dadurch einen Bezug zu konstruieren, der uns unser Empfinden begreiflicher macht.

Mit **Gefühlen** meinen wir das Erleben körperlicher Reaktionen. Die Worte, die wir für unsere Gefühle finden, sind Versuche, diese physischen Reaktionen zu benennen. Welche körperlichen Reaktionen wir empfinden ist dadurch bedingt, ob wir haben, was wir benötigen, oder nicht. Daher können sie, abhängig von den Umständen, von einer Sekunde auf die andere wechseln.[5]

In unseren Äußerungen vermischen wir manchmal unsere Gedanken und Gefühle. Das kann die Verbindung zu uns selbst und zu anderen erschweren.

Reflexion

Wenn ein entgegenkommender Autofahrer einen Lkw knapp auf „unserer" Spur überholt, drücken wir unsere Gefühle vielleicht aus, indem wir aufschreien, weil wir Todesangst haben. Folgender Gedanke könnte auftauchen:

„Das war verantwortungslos von dem Fahrer!"

Erscheint jemand zum dritten Mal in Folge nicht zu einem vereinbarten Treffen, fühlen wir uns womöglich frustriert, was dazu führen kann, dass wir mit Tränen in den Augen auf und ab gehen. Ein möglicher Gedanke in dieser Situation wäre:

„Ich bin ihm vollkommen egal."

Vermischen wir das, was wir fühlen, mit einem Gedanken, kann das darin gipfeln, dass wir zu unserem Gegenüber sagen:

„Ich fühle mich vollkommen unbedeutend, du ignorierst mich komplett."

Wenn wir unser Augenmerk auf unser Fühlen legen, erhalten wir einen Impuls, der uns auf das aufmerksam macht, was wir benötigen. Diese Information hilft uns, so zu handeln, dass wir zufriedener werden. Fokussieren wir uns jedoch auf unsere mit dem Gefühl zusammenhängenden Gedanken, werden wir leicht wütend oder deprimiert. Wenn wir nicht zwischen Gedanken und Gefühlen unterscheiden können, verlieren wir schnell die Verbindung zu unseren Bedürfnissen. Außerdem können unsere Äußerungen von anderen leicht als Kritik aufgefasst werden – und wer möchte schon gern weiter zuhören, wenn wir ihm sagen, dass wir uns ignoriert fühlen?

Es ist oft einfacher, eine Verbindung zu unseren Bedürfnissen herzustellen, wenn wir uns auf unsere Gefühle statt auf unsere Gedanken konzentrieren. Sucht uns etwa das Gefühl von Einsamkeit heim und unser Fokus liegt in diesem Moment auf unseren Gedanken, ziehen wir uns möglicherweise zurück. Vielleicht haben wir gelernt, „alleine sei man stark", oder uns wurde eingetrichtert, nicht „fordernd" zu sein, oder wir kommen zu dem Schluss, dass wir einfach „nicht selbstständig genug" sind. Lauschen wir stattdessen unserem Gefühl der Einsamkeit, teilt es uns mit, dass wir uns nach Unterstützung und Gemeinschaft sehnen und dass es viele verschiedene Dinge gibt, die wir tun können, um unsere Bedürfnisse zu befriedigen. Das Gefühl leitet uns zu einem der Bedürfnisse, die allen Menschen gemeinsam sind.

Schlüsselunterscheidung 3:
Der Unterschied zwischen „Bedürfnissen" und „Strategien"

Wenn wir von **Bedürfnissen** sprechen, beziehen wir uns auf die angeborenen Trieb-kräfte, die uns so handeln lassen, dass wir das Leben schützen und dafür sorgen, dass es sich weiter entfaltet. Diese Bedürfnisse sind universell, das heißt, sie sind allen Menschen gemeinsam – egal wo auf der Welt oder in welcher Kultur man lebt.

Mit dem Begriff **Strategien** beschreiben wir, was wir konkret tun beziehungsweise tun möchten, um unsere universellen Bedürfnisse zu erfüllen.

Der Kontakt sowohl zu unseren Bedürfnissen als auch zu den Strategien, die wir wählen, um die Bedürfnisse zu erfüllen, kann zur Verbesserung unserer Lebens-qualität beitragen. Aber die Strategien können auch Ursache für Konflikte mit Mit-menschen sein oder dafür, dass wir nicht in Einklang mit unserer Umwelt leben. Der grundlegende Unterschied zwischen beiden ist: Bedürfnisse sind allen Menschen gemeinsam. Strategien hingegen sind spezifisch: Wer tut was wann und wie?

Der Ausdruck „Bedürfnis" und die verwandten Wörter „bedürfen", „brauchen" oder „benötigen"[6] werden in vielen Sprachen nicht nur für universelle – also angeborene und lebenswichtige – Bedürfnisse verwendet, sondern auch für das, was wir in diesem Buch lieber als Strategien bezeichnen möchten. Wenn wir im Alltag sagen, dass wir etwas „brauchen" oder „benötigen", kann das alles sein, von Nahrung und Nähe bis hin zu einem neuen Auto oder einem höheren Gehalt. Wir Autorinnen finden, dass Nahrung und Nähe Bedürfnisse sind, während das neue Auto und das höhere Gehalt zu den Strategien gehören – die manchmal im Gegensatz zu den angeborenen Bedürf-nissen auch als „erworbene Bedürfnisse" bezeichnet werden.

In der GFK ist es von zentraler Bedeutung, Bedürfnisse von den Strategien unterschei-den zu können, die wir anwenden, um diese Bedürfnisse zu erfüllen. Konflikte lassen sich oft auf die gewählten Strategien zur Bedürfniserfüllung zurückführen. Sobald eine oder beide Parteien erkennen, um welche Bedürfnisse es geht und sie diese von den Strategien trennen, erleichtert das die Konfliktlösung. Ist uns bewusst, dass die Person, mit der wir einen Konflikt haben, ebenfalls verzweifelt versucht, ein Bedürf-nis zu befriedigen, wird es uns viel leichter fallen, Wege zu finden, die unser beider Bedürfnisse erfüllen – ohne dass einer von uns auf- oder nachgeben muss. Das muss jedoch nicht heißen, dass immer genau das Bedürfnis erfüllt wird, das man zu Beginn des Konflikts hatte. Wenn wir wissen, was der andere braucht, kann sich manchmal auch unser Bedürfnis hin zu einem anderen verschieben.

Wenn wir unsere Bedürfnisse erfüllen wollen und uns eine entsprechende Strategie zurechtlegen, formulieren wir oft einen sehr konkreten Wunsch. Wir spezifizieren also ein machbares Ziel und definieren, wer wann etwas tun soll.

Können wir Bedürfnisse von Strategien unterscheiden, eröffnen sich unterschiedliche Möglichkeiten, die Bedürfnisse zu erfüllen. Diese Einsicht gibt uns Handlungsfreiheit: Wir können nicht nur das Bedürfnis befriedigen, das für den Moment am drängendsten erscheint, sondern gleichzeitig auch weitere Bedürfnisse, die langfristig wichtig werden könnten.

Reflexion

In meiner Kindheit ging ich – wenn ich mich allein oder gelangweilt fühlte – oft zu meiner Mutter und bettelte um Süßigkeiten oder Kuchen. Eigentlich brauchte ich jedoch das Gefühl von Zusammengehörigkeit und Sinn. Süßes zu essen erleichterte mich für eine Weile, dann fühlte ich mich wieder gelangweilt. Das Gefühl von Einsamkeit kam zurück, oft stärker als zuvor, trotz der Süßigkeiten. Ich gewöhnte mich also schon sehr früh daran, Essen als Strategie zu nutzen, um mit starken Gefühlen umzugehen.

Als Erwachsene habe ich daran arbeiten müssen. Statt meiner Gewohnheit zu folgen und etwas Süßes zu essen, wenn ich Heißhunger bekomme, halte ich nun inne und stelle eine Verbindung zu meinen Bedürfnissen her, um festzustellen, was ich wirklich benötige. Es war nicht leicht, dieses Muster zu durchbrechen. Bewusst in mich zu gehen, um Bedürfnisse und Strategien voneinander zu trennen, hat mir jedoch viel gegeben.

Es hat eine Zeit gedauert, bis ich verstanden habe, dass ich, wenn ich mich einsam fühle und Gemeinschaft erleben möchte, dieses Bedürfnis erfüllen kann, indem ich einen Freund besuche, jemanden anrufe oder sogar einen Brief schreibe. Und wenn es mir an dem Gefühl von Sinnhaftigkeit mangelt, ist es häufig wirkungsvoller, einen Spaziergang zu machen oder ein Buch zu lesen, als zu essen.[7]

Wenn wir uns gewohnte Strategien, die unsere Bedürfnisse nicht voll und ganz erfüllen, stärker bewusst machen, eröffnet sich uns eine Chance, uns weiterzuentwickeln. Wir können lernen, unsere Bedürfnisse ernst zu nehmen. Und wir erfahren, dass wir unsere Gefühle nicht abschalten müssen, sondern sie nutzen können, um besser zu verstehen, was in uns vorgeht. Danach können wir Strategien wählen, die dazu beitragen, dass unser Leben von Freude erfüllt wird und wir mehr Sinn erleben.

Schlüsselunterscheidung 4:
Der Unterschied zwischen „vagen Bitten" und „klaren, machbaren Bitten"

Eine der vier Komponenten im GFK-Prozess sind Bitten. Entweder verleihen wir eigenen Bitten – um Kontakt oder etwas, das getan werden soll – Ausdruck oder wir hören zu, worum andere uns bitten. Unter **vagen Bitten** verstehen wir solche, die durch mehr oder weniger deutliche Umschreibungen vorgebracht werden. Man kann durchaus mit den eigenen Gefühlen und Bedürfnissen verbunden sein und exakt wissen, was man möchte, aber es dennoch indirekt formulieren. Vielleicht glauben wir, der andere versteht schon, was wir wollen, ohne dass wir es deutlich aussprechen müssen. Die Kommunikation kann unter diesen Voraussetzungen allerdings Züge eines Ratespiels annehmen.

Eine **klare, machbare Bitte** drückt aus, was wir möchten: was getan werden soll oder was wir von jemanden erfahren oder hören möchten. Zu einer klaren Formulierung gehört eine Aussage darüber, wer wann etwas tun soll. Und machbar ist eine Bitte dann, wenn wir so exakt wie möglich beschreiben, was jemand sagen oder tun soll – und uns nicht etwa auf das beschränken, was wir NICHT möchten.[8]

Wir Autorinnen glauben, viele Irritationsmomente und Konflikte, die wir in unserem Alltag erleben, könnten eine andere Richtung nehmen – oder sogar ganz und gar vermieden werden –, wenn wir uns öfter bewusst machten, wie wir unsere Bitten vorbringen. Vielleicht ärgern wir uns jeden Tag über Zahncremereste im Waschbecken oder leere Toilettenpapierrollen auf dem Fußboden (vom nicht vorhandenen Toilettenpapier ganz zu schweigen). Äußern wir lediglich, dass wir den Tag ungern mit solchen Irritationsmomenten beginnen, ohne dabei zu sagen, was sich ändern soll, werden wir uns sehr wahrscheinlich weiterhin ärgern müssen.

Vermutlich wird es auch unser Gegenüber irritieren, wenn wir nicht klar um das bitten, was wir uns wünschen. Sprechen wir stattdessen davon, was uns ärgert und was „jemand" hätte tun sollen, wird der andere sich verteidigen. Und das kann uns noch weiter von unserem eigentlichen Ziel entfernen.

Ein Paradebeispiel, das regelmäßig in unseren Einführungskursen auftaucht, ist die Frage, wer den Müll herunterträgt – und zwar bevor er anfängt zu riechen.

„Stell dir nur vor, ständig ist der Müllbeutel voll."

Und wenn wir das nächste Mal in den Mülleimer schauen, ist der Beutel noch immer voll. Aus irgendeinem Grund bewegt er sich nicht selbstständig zur Mülltonne, und alle Mitglieder des Haushalts scheinen den gleichen Gedanken zu haben:

„Stell dir nur vor, ständig ist der Müllbeutel voll."

Dies ist ein Beispiel für eine vage formulierte Bitte. Mehr Harmonie erreichen wir vermutlich mit einer machbaren Bitte, etwa so:

„Ich ärgere mich, wenn ich den vollen Müllbeutel sehe. Einerseits weil ich ein Bedürfnis nach Ordnung habe, aber andererseits auch weil ich möchte, dass wir alle gemeinsam dafür sorgen, dass es zu Hause sauber ist. Ich möchte dich bitten, dass du – als Letztes, bevor du dich abends zum Schlafengehen fertig machst – den Müll zur Mülltonne runterbringst und den Mülleimer mit einem neuen Beutel versiehst. Wäre es okay für dich, das eine Woche lang auszuprobieren?"

Ganz schön viele Worte, könnte man denken, aber wir müssen sie hoffentlich nur ein einziges Mal sagen. Trotzdem möchten wir daran erinnern, dass – egal wie wir unsere Bitten vorbringen, vage oder klar und deutlich – nicht sicher ist, dass der andere tun wird, worum wir ihn bitten. Die anderen sind frei, selbst zu entscheiden, und vielleicht sagen sie zu etwas ganz anderem Ja. Wenn wir uns entscheiden, jemanden zu bestrafen, der „Nein" sagt – zum Beispiel indem wir ihn oder sie beschuldigen –, haben wir keine Bitte geäußert, sondern eine Forderung.

Umgekehrt lassen wir uns vielleicht viele Chancen entgehen, Fürsorge und Gemeinschaft zu erleben, weil wir einfach nicht so recht wissen, wie wir um das bitten sollen, was unsere Bedürfnisse erfüllen könnte. Viele Menschen glauben fest: „Wenn er/sie mich nur genug lieben würde, wüsste er/sie, was ich brauche" – eine Denkweise, die offensichtlich nicht zu erfüllten Bedürfnissen führt.[9]

Reflexion

„Möchtest du da sitzen?", fragte mich ein Freund im Bus und ich antwortete: „Danke, ich sitze gut hier."

Sein umsichtiges Verhalten wärmte mich innerlich. Nach weiterem Small Talk bemerkte ich, dass es immer schwerer wurde, die Verbindung zu ihm aufrechtzuerhalten. Er antwortete ungewöhnlich spitz und kurz auf meine Fragen. Nach einer Weile fragte ich ihn, was los sei. Er warf mir einen gereizten Blick zu und sagte dann:

„Du denkst nur an dich selbst!"

Ich war vollkommen platt und fragte:

„Wie kommst du denn darauf?"

Und bekam die Antwort:

„Ich müsste mich eigentlich ausruhen."

Ich muss ausgesehen haben wie ein lebendes Fragezeichen, sodass er sich schließlich deutlicher erklärte:

„Naja, ich hatte gehofft, ein Weilchen schlafen zu können."

Nachdem ich ihm weitere Erklärungen aus der Nase gezogen hatte, begriff ich schließlich: Mit seiner Eingangsfrage hatte er bezweckt, mit mir den Platz zu tauschen. Dann hätte er sich ans Fenster lehnen und ausruhen können. Ich war froh, zu erfahren, was in ihm vorging – schließlich weiß ich, wie leicht Feindbilder entstehen und gedeihen können, wenn unsere Bedürfnisse nicht erfüllt werden. Auch er hatte (wie viele andere) gelernt, seine Bitten hinter vagen Andeutungen zu verstecken. Wie viel leichter wäre es gewesen, hätte er direkt gefragt: „Du, ich würde mich gern ein Weilchen ausruhen. Hast du etwas dagegen, die Plätze zu tauschen?"

Schlüsselunterscheidung 5:
Der Unterschied zwischen einer „Bitte um das, was man will" und einer „Bitte um das, was man nicht will"

Wenn wir **um das bitten, was wir wollen**, formulieren wir eine Bitte um etwas, das tatsächlich getan oder gesagt werden kann. Erklären wir darüber hinaus, welche Bedürfnisse der andere erfüllen könnte, wenn er sich entscheidet, unserer Bitte nach-zukommen, erhöht das sehr wahrscheinlich seine Motivation, uns zu unterstützen.

Bitten wir um das, was wir nicht wollen, sagen wir einer anderen Person oder uns selbst, womit man aufhören oder was jetzt bitte nicht getan werden soll, damit unsere Bedürfnisse erfüllt werden.

Folgende Beispiele machen den Unterschied deutlich:

„Ich sehne mich sehr nach Gemeinschaft. Magst du in deinem Kalender nachsehen, ob wir diese Woche drei Abende einplanen können, um mit der ganzen Familie zusammen zu sein?"

Verglichen mit: „Ich möchte nicht, dass du so viel arbeitest."

Oder: „Ich brauche wirklich ein bisschen Ruhe. Daher frage ich mich, ob du in der nächsten halben Stunde beim Radiohören deinen Kopfhörer benutzen könntest."

Verglichen mit: „Ich brauche wirklich ein bisschen Ruhe, daher möchte ich dich bitten, jetzt kein Radio zu hören."

Reflexion

Bitten wir jemanden – dieser Jemand können auch wir selbst sein -, eine bestimmte Sache nicht zu tun (nicht so viel zu essen, nicht den ganzen Abend vor dem Computer zu sitzen oder nicht so viel zu arbeiten), werden wir mit großer Wahrscheinlichkeit weniger mit dem Resultat zufrieden sein, als wenn wir um das bitten, was geschehen soll.

Mit den Jahren ist mir immer mehr aufgefallen, wie oft wir unsere Bitten negativ formulieren: Wir sagen, was nicht geschehen soll oder welche Äußerungen anderer uns nicht gefallen. Die oben angeführten Beispiele sind alles andere als ungewöhnlich. Ich selbst habe meinen Mann gebeten, nicht so viel zu arbeiten, woraufhin er mit Freunden zum Golfspielen nach Spanien fuhr. Als ich meinen Sohn bat, kein Radio zu hören, sah er stattdessen fern. Und wie oft habe ich mir gewünscht, nicht mehr Kalorien zu mir zu nehmen, als ich verbrenne, um nicht krank zu werden, nicht weitere Kilos anzusetzen. Und trotzdem nehme ich ständig zu!

Das letzte Mal tappte ich in diese Falle, als ich mit einem kleinen Jungen sprach. Er hatte gerade gesagt:

„Tilde ist so dumm."

„Ich möchte nicht, dass du so über Tilde sprichst!", mahnte ich, woraufhin er sich sofort korrigierte und stattdessen behauptete, Alex sei dumm.

Schlüsselunterscheidung 6:
Der Unterschied zwischen „Bitten" und „Forderungen"

Wenn wir eine **Bitte** vorbringen, möchten wir, dass jemand etwas tut – aber nur wenn derjenige es auch tun möchte. Freiwilligkeit ist hier entscheidend. Sagt der andere Nein, modifizieren wir unsere Bitte vielleicht. Eine Bitte enthält Informationen darüber, wen wir wann etwas tun sehen möchten, welche Bedürfnisse dadurch erfüllt würden und wie sich das für uns anfühlen würde.

Stellen wir eine **Forderung**, betonen wir, was unserer Meinung nach geschehen sollte. Wir formulieren, wer das tun soll, wie es getan werden soll und wann. Und wir verwenden Drohungen oder versprechen Belohnungen, damit es getan wird. Häufig haben wir uns darauf versteift, unsere Bedürfnisse seien nur auf diese eine Weise zu erfüllen.

Ob wir fordern oder bitten, können wir herausfinden, indem wir darüber nachdenken, wie wir auf ein Nein reagieren würden. Wenn wir eine Forderung stellen, setzen wir eine Form von Bestrafung ein, um deutlich zu machen, dass wir die Entscheidung des anderen nicht akzeptieren. Ernten wir hingegen ein Nein auf eine Bitte, kann der Dialog weitergehen. Eventuell ändern wir unsere Strategie, wenn wir hören, wozu der andere Ja sagen würde. Vielleicht finden wir andere Wege, um unsere Bedürfnisse zu erfüllen. Selbst bei starken Gefühlen von Trauer oder Enttäuschung wissen wir, dass nicht die andere Person deren Ursache ist. Unsere Gefühle hängen mit unseren Bedürfnissen zusammen und damit, dass wir uns danach sehnen, sie zu erfüllen.

Reflexion

Wenn wir etwas fordern und dabei Worte wie sollen und müssen verwenden, führt das leicht dazu, dass die derart Aufgeforderten rebellieren. Ich habe das erlebt, als ich einmal einen Termin für eine Autoreparatur ausgemacht hatte und dann bemerkte, dass ich an genau diesem Tag das Auto brauchen würde. Ich rief mehrmals in der Werkstatt an, erreichte aber niemanden und wurde auch nicht zurückgerufen.

Einige Tage später erhielt ich einen Brief mit Informationen dazu, wo ich die Schlüssel abzugeben hätte und dass das Garantie-Scheckheft im Handschuhfach bereitliegen sollte. Als ich den Namen der Werkstatt auf dem Umschlag sah, war mein erster Gedanke: „Jetzt muss ich wirklich dringend anrufen und einen neuen Termin ausmachen." Ich öffnete den Brief und mein Blick fiel direkt auf folgenden Satz:

„Wenn Sie den Termin nicht einhalten können, MÜSSEN Sie das umgehend mitteilen. Für nicht wahrgenommene Reparaturtermine berechnen wir 300 Kronen[11]."

Mit einem Schlag sank meine Motivation, die Werkstatt anzurufen. Obwohl ich eine Minute zuvor noch genau das tun wollte, fühlte ich nun Widerstand. Ich hatte überhaupt keine Lust mehr, mit dieser Werkstatt Kontakt aufzunehmen. Das Wort „MÜSSEN" und die Drohung, mir 300 Kronen zu berechnen, riefen in mir – wie auch in ähnlichen Situationen – ein Bedürfnis hervor, das mir wirklich wichtig ist: Freiheit. Die Freiheit, zu tun, was ich möchte, wann ich es möchte und wie ich es möchte. Ich lachte etwas peinlich berührt über meine eigene Reaktion, war aber auch verwundert darüber, wie stark sie war. Das führte dazu, dass ich mich sogar darüber freuen konnte, wie wichtig mein Bedürfnis nach Freiheit war.

Ich entschied mich, mein Freiheitsbedürfnis zu schützen, indem ich nicht rebellierte. In dieser Situation gelang mir das dadurch, dass ich die Bedürfnisse des Werkstattinhabers zu erahnen versuchte. Ich nahm an, dass er darin unterstützt werden wollte, effektiv zu arbeiten und so viele Kunden wie möglich zufriedenzustellen. Wie anders hätte es klingen können, hätte er diesem Bedürfnis Worte verliehen und so darauf aufmerksam gemacht. Auch das uns allen so wichtige Bedürfnis nach Freiheit wäre auf diese Weise respektiert worden. Er hätte zum Beispiel schreiben können:

„Weil es in unserer Werkstatt momentan lange Wartezeiten gibt, würde es uns die Arbeit erleichtern, wenn Sie so bald wie möglich von sich hören ließen, falls Sie den vereinbarten Termin nicht wahrnehmen können. Wir können Ihren Termin dann jemandem von der Warteliste geben. Das hilft uns, unsere Werkstatt- und Personalkapazitäten effektiv einzusetzen und unsere niedrigen Preise zu halten."

Es wäre für mich so viel angenehmer gewesen, die Werkstatt anzurufen, wenn ich einen solchen Brief bekommen hätte – mit einem Wunsch anstelle einer Forderung oder gar einer Drohung. Statt innerer Rebellion hätte ich Freude empfunden, dazu beitragen zu können, dass die Werkstatt weiterhin effektiv arbeitet und jemand anders seinen Reparaturtermin ein wenig schneller bekommt.

Schlüsselunterscheidung 7:
Der Unterschied zwischen „klassisch Giraffisch" und „umgangssprachlich Giraffisch"

Wenn wir **klassisch Giraffisch** sprechen, bedienen wir uns der vier Komponenten der GFK: Beobachtung, Gefühl, Bedürfnis und Bitte. Das tun wir, wenn wir uns ehrlich[12] äußern und wenn wir anderen empathisch zuhören.

Sprechen wir **umgangssprachlich Giraffisch**, verwenden wir die GFK auf eine eher alltägliche Art – angepasst an die Situation, in der wir uns befinden, und an die Person, mit der wir sprechen. Beim „umgangssprachlichen Giraffisch" liegt der Schwerpunkt mehr auf einer Verbindung zu unserem Gegenüber als auf einer exakten Verwendung von Worten.

Egal, ob „klassisch Giraffisch" oder „umgangssprachlich Giraffisch": In jedem Fall kommt es uns darauf an, mit Empathie und Aufrichtigkeit Nähe zu schaffen.

Wenn die „klassische Giraffe" eine empathische Vermutung äußert, kann das so klingen:

„Ich frage mich, ob du dich entmutigt und enttäuscht fühlst, nachdem du gesehen hast, was Mats heute getan hat, weil du ein Bedürfnis nach Rücksicht und Respekt hast?"

Die „umgangssprachliche Giraffe" kann in der gleichen Situation etwa Folgendes sagen:

„Klingt so, als hättest du schon bessere Tage gehabt und als wäre es schön gewesen, ein bisschen mehr Rücksicht und Respekt zu erfahren, oder?"

Äußert sich die „klassische Giraffe" aufrichtig, könnte sich das so anhören:

„Wenn ich feststelle, dass es bereits fünf Uhr ist, aber noch keine der drei Sachen fertig ist, die ich dem Chef für heute versprochen habe, fühle ich mich gestresst und unruhig, weil ich ein Bedürfnis nach Integrität habe. Daher frage ich mich, ob du bereit wärst, die Zusammenfassung des Berichts zu schreiben?"

Während die „umgangssprachliche Giraffe" das Gleiche vielleicht so ausdrücken würde:

„Ich könnte wirklich Hilfe brauchen. Hast du vielleicht Lust, die Zusammenfassung des Berichts zu schreiben?"

Die „klassische Giraffe" sagt:

„Der Beschluss wurde gefasst, ohne vorher mit dir zu reden. Ich frage mich, ob du dich wütend fühlst, weil du ein Bedürfnis hast, einbezogen zu werden. Möchtest du vielleicht hören, warum es dazu gekommen ist?"

Und die „umgangssprachliche Giraffe":

„Ich nehme an, du bist ziemlich sauer, weil du gern an der Entscheidung beteiligt gewesen wärst?"

Reflexion

Wenn wir die Grundlagen der GFK erlernen, verwenden wir meist die „klassische Giraffensprache". Aber es gibt auch andere Gelegenheiten, in denen es wertvoll sein kann, Zugang zu formelleren Ausdrucksarten mithilfe der vier Komponenten zu haben. Sobald mein Lebensgefährte und ich merken, dass sich ein Konflikt anbahnt, gehen wir von „umgangssprachlichem Giraffisch" zu „klassischem Giraffisch" über. Das tun wir vor allem dann, wenn wir unsicher sind, ob unsere nächsten Äußerungen die Verbindung unterbrechen werden, und wenn wir sichergehen wollen, in unserer Kommunikation effektiv zu sein. Sobald wir den Kontakt auf eine für uns befriedigende Weise wiederhergestellt haben, können wir, wenn wir das wollen, die Fixierung auf die vier Komponenten lockern. Allerdings konzentrieren wir uns weiterhin darauf, dass der Kontakt bestehen bleibt.

Einer von uns – in diesem Falle ich, aber es kann genauso gut mein Lebensgefährte sein – sagt vielleicht frustriert:

„Ja, aber wenn du ein bisschen mehr daran denken würdest, dass andere auch etwas wollen …"

Mein Lebensgefährte unterbricht mich:

„Ich merke, dass es mir gerade schwerfällt, deine Worte nicht als Kritik aufzufassen. Würdest du es noch einmal versuchen, diesmal mit Beobachtungen, Gefühlen, Bedürfnissen und Bitten?"

Nach einigen tiefen Atemzügen und nachdem ich mich versichert habe, dass ich wirklich bereit bin, seine Bitte zu erfüllen, antworte ich:

„Okay, ich versuche es noch einmal. Wenn ich sehe, dass du das letzte Stück Schokoladenkuchen genommen hast, ohne mich zu fragen, ob ich auch etwas davon möchte, fühle ich mich enttäuscht, weil ich mir gewünscht hätte, es gemeinsam mit dir zu genießen."

Mein Lebensgefährte hilft mir, noch deutlicher zu werden:

„Es ist wichtig für mich zu hören, was du in diesem Moment von mir möchtest, denn sonst fühle ich mich schuldig und ich glaube nicht, dass es das ist, was du möchtest. Um was bittest du mich jetzt in diesem Moment?"

Ich denke nach und sage dann:

„Ich möchte vor allem Verständnis dafür, wie frustrierend es für mich war, zu sehen, dass du das letzte Stück Kuchen allein gegessen hast. Bist du bereit, wiederzugeben, was du mich sagen hörst?"

Dieses Vorgehen führt für gewöhnlich dazu, dass wir wieder eine Verbindung zueinander bekommen, weil wir uns sicher sind, dass die Worte aufrichtig gemeint und mit den dahinter liegenden Absichten identisch sind.

Wenn Menschen der Absicht hinter unseren Worten nicht vertrauen, kann „klassisches Giraffisch" manchmal eher zu Widerwillen als zu Kontakt führen. Die strikte Form kann sogar leicht Wut erregen, weil andere vielleicht meinen, wir würden uns hinter „Phrasen" verstecken oder wollten klingen, als seien wir auf irgendeine Art und Weise besser als sie. Dann ist es wichtig, sich des „umgangssprachlichen Giraffisch" bedienen zu können und gleichzeitig zu vermitteln, dass einem an einer wechselseitigen Verbindung gelegen ist.

Schlüsselunterscheidung 8:
Der Unterschied zwischen „Giraffe sein" und „sich wie eine Giraffe verhalten"

Wie in jeder Sprache, die nicht unsere Muttersprache ist, durchlaufen wir während des Lernprozesses verschiedene Phasen. Wir pauken Vokabeln, prägen uns die Grammatik ein, nach und nach fangen wir an zu sprechen und mit etwas Training beginnt es zu fließen – bis wir schließlich alle Nuancen der Sprache beherrschen und eigene Formulierungen finden.

Wenn wir **Giraffe sind,** konzentrieren wir uns vor allem darauf, eine Verbindung herzustellen. Wir sind aufrichtig und authentisch in dem, was wir sagen, und hören dem anderen empathisch zu – und das in stetigem Wechsel. Manchmal verwenden wir in unseren Äußerungen die vier Komponenten Beobachtung, Gefühl, Bedürfnis und Bitte, manchmal nicht. Wenn wir „Giraffe sind", haben wir die Grundannahmen der GFK verinnerlicht. Sie fließen ganz selbstverständlich in unser Verhalten ein – uns selbst und anderen gegenüber.

Wenn wir **uns wie eine Giraffe verhalten,** haben wir die Absicht, eine Verbindung herzustellen. Wir verwenden die vier Komponenten, um uns ehrlich zu äußern und empathisch zuzuhören. Oft geht es uns darum, es „richtig" zu machen, und vielleicht wechseln wir manchmal nicht zwischen authentischem Selbstausdruck und Empathie.

In den GFK-Grundkursen trainieren wir genau diese vier Komponenten – quasi als Vokabeln und Grammatik –, um dann in das wirkliche Leben hinauszugehen und zu versuchen, uns zu „verhalten" und zu „sein". Verwenden wir die GFK dann mit der Absicht, eine Verbindung aufzubauen, und machen sie sukzessive zu einem natürlichen Teil unserer Beziehungen zu anderen, tragen wir zu mehr Vertrauen bei, dass die Bedürfnisse aller beachtet werden.

Die vier Komponenten der GFK wie ein Werkzeug anzuwenden, das man nur in Situationen nutzt, in denen etwas „schiefgelaufen" ist, und ohne die Absicht, eine Verbindung herzustellen, kann vergebliche Liebesmüh sein. Wenn zum Beispiel unsere Kinder etwas tun, das uns missfällt, und wir einzig und allein bei solchen Gelegenheiten auf die GFK zurückzugreifen, fangen sie vielleicht an, die Sprache selbst mit diesen Situationen zu assoziieren. Hören sie dann Formulierungen wie: „Wenn ich sehe, dass … fühle ich … denn ich benötige …", ist das Risiko sehr groß, dass sie denken:

„Oh, jetzt hab ich was falsch gemacht. Mama fängt wieder an, so komisch zu reden."

Reflexion

Wir behaupten nicht, es sei leicht, „Giraffe zu sein". Das möchte ich mit dem Beispiel meines ersten tastenden Versuchs verdeutlichen. Eine der Annahmen, auf die sich die GFK gründet, ist die, dass wir Menschen einander unterstützen möchten, wenn wir unseren Anteil als freiwillig erleben. Als ich begann, GFK zu lernen, wurde mir schnell klar, was für eine Gabe es ist, jemandem seine volle Aufmerksamkeit schenken zu können. Das tat ich oft und es fiel mir schwer, Nein zu sagen, wenn mich jemand darum bat, seinen Problemen zuzuhören. Ich tat es auch, wenn ich es nicht voll und ganz wollte. Ich entschied mich, empathisch zuzuhören, vergaß darüber aber, ehrlich zu sein. Ich „verhielt mich wie eine Giraffe". Besonders schwer war es bei einer meiner Bekannten; meine Unfähigkeit, Nein zu sagen, kam unsere Beziehung teuer zu stehen.

Eine Zeit lang rief sie mich mehrere Male in der Woche an und erzählte mir von ihrem Schmerz über das, was in ihrem Leben geschah. Mehrere Male hörte ich ihr länger zu, als ich gewünscht hätte, und fühlte in mir eine Aversion dagegen wachsen, überhaupt mit ihr zu tun zu haben. Jedes Mal, wenn sie anrief, spürte ich, wie ich mich verspannte und auf das Schlimmste vorbereitete. Ich hörte ja, dass es ihr schlecht ging und dass sie wirklich Unterstützung und Empathie benötigte. Ich sagte Ja dazu, ihr zuzuhören, und ließ mich von meinem Bedürfnis nach Liebe und Unterstützung anderer steuern, obwohl ich fühlte, dass es nicht ganz freiwillig geschah. Schließlich hatte ich genug und sagte Nein – leider auf eine Art, die nicht gerade dazu angetan war, die Verbindung aufrechtzuerhalten.

Alle diese Male, in denen ich wiederholt zugehört und mich „wie eine Giraffe verhalten" hatte, obwohl ich dem Schmerz meiner Bekannten nicht aus vollem Herzen zuhörte, hatten mich verärgert und ermüdet. Nach einem ziemlich anstrengenden und emotional aufwühlenden Gespräch wurde mir sehr deutlich, dass sie lieber sofort gewusst hätte, was in mir vorgeht. Es war enorm schmerzhaft für sie zu hören, dass ich weiterhin mit ihr gesprochen hatte, obwohl ich lieber etwas anderes gemacht hätte. Es brauchte ziemlich lange, das zerstörte Vertrauen wieder aufzubauen. Wir mussten also beide dafür bezahlen, dass ich nicht früher Nein gesagt hatte.

Ich habe ähnliche Geschichten auch von anderen Menschen gehört, die die Schönheit und Kraft darin entdeckt haben, empathisch zuzuhören. Beginnt man zu verstehen, welch große Bedeutung es für andere haben kann, auf diese Weise gehört zu werden, fällt es möglicherweise noch schwerer, Nein zu sagen, wenn jemand seinen Schmerz mitteilt und darum bittet, gehört zu werden. Dann wendet man die GFK und das empathische Zuhören leicht wie eine „Methode" an und „verhält sich wie eine Giraffe"

– statt seine Sehnsucht auszudrücken, wirklich für den anderen da zu sein, mit Empathie und Ehrlichkeit[13].

Schlüsselunterscheidung 9:
Der Unterschied zwischen „Ehrlichkeit der Giraffe" und „Ehrlichkeit des Wolfes"

Ehrlichkeit der Giraffe: Mithilfe der GFK legen wir unser Augenmerk darauf, aufrichtig mitzuteilen, was in uns vorgeht. Wir gehen von Beobachtungen aus – was wir gesehen und gehört haben – und sagen dann, was wir fühlen, brauchen und möchten.

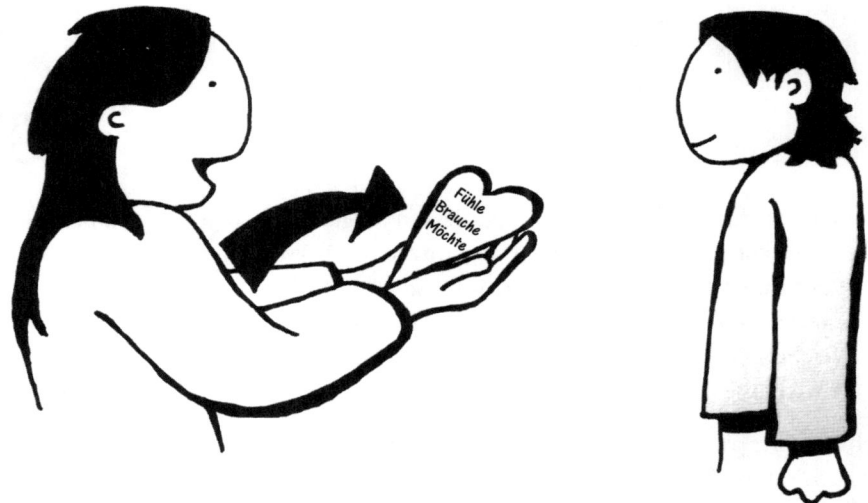

Ehrlichkeit des Wolfes: Wir äußern unsere Ansichten und sagen, was wir von anderen halten und über sie denken. Diese Form der Ehrlichkeit hat mit unserer kulturellen Prägung zu tun. Vielleicht finde ich, jemand sei ein „Rassist" oder ein „unsensibler Idiot", und stelle fest, dass meine Urteile der Verbindung im Wege stehen.

Ich kann mich dann entscheiden, stattdessen Folgendes in den Blick zu nehmen:

- Auf welche Äußerungen oder Handlungen der Person reagiere ich konkret?
- Was fühle ich, wenn ich das höre oder sehe?
- Auf welche Bedürfnisse weisen meine Gefühle hin?
- Welche anderen Äußerungen und Handlungen würde ich mir von der Person wünschen?

Nehmen wir an, jemand bezeichnet die Stimmung am Arbeitsplatz als „hart, aber herzlich". Statt denjenigen – sei es laut oder für mich selbst – mit der „Ehrlichkeit des Wolfes" einen „unsensiblen Idioten" zu nennen, kann ich die „Ehrlichkeit der Giraffe" anwenden und sagen:

„Wenn ich höre, dass du sagst, die Stimmung sei hart, aber herzlich, werde ich etwas unruhig, da ich mehrmals erlebt habe, wie eine oder mehrere Personen hier Härte ohne Herzlichkeit erlebt haben. Mir ist wichtig, dass sich alle sicher fühlen können. Hast du Lust zu erzählen, was du an dem Umstand schätzt, den du als ‚Härte' bezeichnest?"

Wer Äußerungen macht, die als „hart" empfunden werden, ist sich oft nicht bewusst, dass diese Art Kommentar und diese Sprache für andere manchmal schmerzlich sind. In den meisten Fällen wurde derjenige nie darauf hingewiesen – vielleicht aus Angst, nur noch mehr „Härte" zu spüren zu bekommen.

Reflexion

Wer hat nicht schon einmal gehört, wie jemand sein eigenes Verhältnis zur Ehrlichkeit ungefähr so beschreibt:

„Also, ich bin gradlinig. Ich sage immer, was ich denke. Wenn ich finde, jemand sei ein Rassist, dann sage ich das auch, denn ich finde, man sollte ehrlich sein."

In einer solchen Situation kann diese neunte Schlüsselunterscheidung nützlich sein. Wenn wir Ehrlichkeit nach Art der Giraffe ausdrücken, möchten wir unser Bedürfnis nach Ehrlichkeit und das nach Rücksicht auf andere erfüllen. Statt jemanden als „Rassisten" zu bezeichnen, können wir sagen:

„Diese Woche habe ich dich drei Menschen als ‚verdammte Schwarze' bezeichnen hören. Das wühlt mich auf, weil mir Respekt und Rücksicht gegenüber anderen Menschen wichtig sind. Daher frage ich mich, ob du erzählen möchtest, wie es kommt, dass du sie so genannt hast?"

Bedenken Sie: Indem Sie andere für eine Kommunikationsweise verurteilen, die Ihnen nicht respektvoll erscheint, fällen Sie selbst ein Urteil. Der Zweck der GFK ist es, eine Verbindung herzustellen – und Urteile stehen dem zwischenmenschlichen Kontakt schnell im Wege! Sie können jedoch Ihre eigenen Urteile und die anderer Menschen als Wegweiser zu unerfüllten Bedürfnissen nutzen. Indem Sie sich den Bedürfnissen nähern, stellen Sie eine Verbindung zu anderen Menschen her, unabhängig davon, wie sie sich äußern mögen.

Schlüsselunterscheidung 10:
Der Unterschied zwischen „Giraffenschrei" und „Wolfsschrei"

Man will geliebt werden, mangels dessen bewundert, mangels dessen gefürchtet, mangels dessen gehasst und verachtet. Man will irgendein Gefühl in den Menschen wecken. Die Seele schreckt vor der Leere zurück und sucht um jeden Preis Kontakt.

Hjalmar Söderberg[14]

Stellen Sie sich zwei Menschen vor, die ihren seelischen Schmerz herausschreien. Der eine schreit als Giraffe, der andere als Wolf. Wie können Sie beides auseinanderhalten? Wir schätzen, dass Sie bislang deutlich mehr „Wolfsschreie" als „Giraffenschreie" gehört haben, also ist vermutlich der Schrei, der Ihnen bekannt vorkommt, der „Wolfsschrei".

Ein **Wolfsschrei** enthält Anklagen, Beschuldigungen, moralische Urteile, Zuschreibungen, sollen und müssen, richtig und falsch und andere verbale Attacken.

Auch der **Giraffenschrei** kann mit lauter Stimme und Nachdruck erfolgen. Die Worte aber beschreiben die Gefühle, Bedürfnisse und Bitten des Schreienden und hinter diesem Schrei steckt die Absicht, eine Verbindung herzustellen. Der Giraffenschrei kommt von jemandem, der für seine eigenen Bedürfnisse und die anderer einstehen möchte.

Wer „als Wolf schreit", kann sich so anhören:

„Du bist ein selbstsüchtiger Idiot, der an niemand anders als an sich selbst denkt. Aber mach nur so weiter und behalte alles für dich, denk bloß nicht an uns andere!"

Und so kann es klingen, wenn jemand „als Giraffe schreit":

„Ich bin so verzweifelt, weil ich gerne an dich herankommen möchte, und ich weiß wirklich nicht, wie. Ich sehne mich nach mehr Kontakt und frage mich, ob du etwas dazu sagen möchtest, wie es dir jetzt gerade geht?"

Egal, ob wir als „Wolf" oder als „Giraffe" schreien: Meistens möchten wir auf das Verhalten einer anderen Person einwirken. Wer als „Giraffe" schreit, möchte das erreichen, indem er oder sie die eigenen Bedürfnisse und Wünsche und die des anderen nachvollziehbar und deutlich macht. Wer als „Wolf" schreit, versucht das Verhalten des anderen zu beeinflussen, indem er ihn oder sie dazu bringt, sich zu schämen, oder indem er mit Bestrafung droht. Letzteres passiert in unserer Kultur häufig. Manchmal wird die GFK als eine Verhaltensweise wahrgenommen, mit der man grenzenloses Verständnis für das zeigt, was in der anderen Person vor sich geht. Tatsächlich aber ist erst die Balance zwischen unseren eigenen Bedürfnissen und denen der anderen laut GFK der Schlüssel zu einer wechselseitigen Verbindung. Daher ist es von Bedeutung, wie ich mich ausdrücke, wenn ich erregt bin oder nicht weiß, wie ich zu meinem Gegenüber anders als mit lauter werdender Stimme durchdringen soll.

Schlüsselunterscheidung 11:
Der Unterschied zwischen „Nein sagen als Wolf" und „Nein sagen als Giraffe"

Ein **Nein als Wolf** ist motiviert durch Regeln, Pflichten, Richtlinien und Gedanken darüber, was richtig, was falsch und was normal ist oder was sich gehört. Es muss nicht zwangsläufig widerspiegeln, was derjenige, der Nein sagt, eigentlich will. Hinter einem solchen Nein kann Angst vor Bestrafung stecken oder aber der Wunsch, akzeptiert zu werden. Ein Nein als Wolf kann auch der Versuch sein, jemanden zu bestrafen.

Ein **Nein als Giraffe** basiert auf dem Wunsch, Rücksicht auf unsere eigenen universellen Bedürfnisse und die anderer zu nehmen. Ein solches Nein beinhaltet oft eine Aussage darüber, wozu die Person Ja sagt, wenn sie Nein sagt. Mit einem giraffischen Nein kann man auch eingreifen, um Leben, Gesundheit, Eigentum oder andere grundlegende Werte zu schützen, indem man nicht bereit ist, Bitten zu erfüllen, die diesen Werten widersprechen.

Reflexion

„Daniel, kannst du zehn Exemplare dieser CD brennen? Einige meiner Kumpels würden sie mir gern abkaufen. Bitte! Dann bekomme ich ein bisschen Geld, das kann ich gerade wirklich gut brauchen. Du bekommst auch die Hälfte."

Daniel weiß, dass es gegen das Gesetz verstößt, CDs zu brennen, um sie zu verkaufen. Aber abgesehen davon, ob er es richtig oder falsch findet, gegen das Gesetz zu verstoßen, hat er einfach gar keine Lust dazu, diese CDs für Patrick zu brennen. Letzte Woche hatte er selbst Patrick, der gerade 20 geworden ist, gebeten, im Systembolaget[15] Starkbier für ihn zu kaufen, und Patrick hatte Nein gesagt. Daher findet er, es sei sein gutes Recht, nun auch Nein zu sagen.

Daniel: „Du hast letzte Woche kein Bier für mich kaufen wollen. Warum sollte ich also jetzt etwas für dich tun, wenn du nichts für mich tust?"

Patrick ist enttäuscht und wirft Daniel vor, ihn zu erpressen. Hätte Daniel sein Nein als Giraffe formuliert, hätte es nach allen Regeln der Kunst[16] ungefähr so klingen können:

„Wenn ich höre, dass du möchtest, dass ich zehn Exemplare dieser CD für dich brenne und dass du sie weiterverkaufen willst, fühle ich mich verärgert. Das liegt daran, dass ich mehr Gleichgewicht in der Beziehung zu dir erleben möchte. Ich schätze unsere

Gemeinschaft und möchte dich gern unterstützen, aber da ich auch meine Integrität schützen möchte, sage ich Nein dazu, die CDs zu brennen. Gleichzeitig möchte ich, dass wir einen anderen Weg finden, damit du ein bisschen Geld zusammenbekommst. Wie klingt das für dich?"

Etwas umgangssprachlicher hätte Daniel sagen können:

„Ich möchte das nicht tun! Auch weil ich seit letzter Woche sauer bin, doch viel wichtiger ist, dass ich mich an das Gesetz halten möchte. Aber ich denke über einen anderen Weg nach, mit dem du Geld verdienen kannst. Okay?"

Schlüsselunterscheidung 12:
Der Unterschied zwischen „sich giraffisch entschuldigen" und „sich wölfisch entschuldigen"

Wenn wir uns **giraffisch entschuldigen** wollen, versuchen wir zunächst zu verstehen, welche Bedürfnisse des anderen durch unser Verhalten nicht erfüllt wurden. Außerdem wollen wir herausfinden, was der andere sich nun von uns wünscht. Wenn unser Gegenüber bereit ist zu hören, wie sich die Situation für uns darstellt (und erst dann!), erzählen wir davon. Wir sprechen darüber, welche Bedürfnisse wir mit der Handlung, die wir nun gern ungeschehen machen würden, erfüllen wollten.

Entschuldigen wir uns wölfisch, teilen wir dem anderen mit, dass wir uns falsch verhalten haben. Wir sagen, dass wir schlecht sind, uns schämen und das Geschehene bereuen. Vielleicht versprechen wir, so etwas nie wieder zu tun, oder erklären uns sogar bereit, die Strafe anzunehmen, die der andere uns angedeihen lassen möchte.

Eine „wölfische Entschuldigung" kann auch schlichtweg erlernt sein, ohne viel zu bedeuten. Sie kann unterschwellig vermitteln, der andere sei selbst schuld, aber man entschuldige sich, damit die Sache irgendwie aus der Welt geschafft wird.

Reflexion

Wir haben wahrscheinlich von uns selbst und von anderen schon Sätze wie diesen gehört:

„Entschuldige, das war wirklich dumm von mir, aber ich werde so etwas nie wieder tun."

Die meisten Menschen haben gelernt, sich auf diese Art zu entschuldigen – zu sagen, dass sie etwas „falsch" gemacht haben, es einsehen und so etwas nicht noch mal tun werden. Das können allerdings leere Versprechungen sein, die nicht dazu führen, dass man sein Verhalten ändert, sondern wieder und wieder um Verzeihung dafür bittet:

„Jetzt habe ich mich schon wieder lächerlich gemacht, nicht nur einmal, sondern bereits mehrmals. Es ist hoffnungslos mit mir! Ja, ich bin ein vollkommen hoffnungsloser Fall, ich verdiene es nicht, dass du mir verzeihst. Aber ich bitte dich dennoch darum."

Diese Art, sich zu entschuldigen und eine wie auch immer geartete Strafe auf sich zu nehmen – egal ob in Form von Gebeten oder als Geldstrafe –, ist in unserer Kultur institutionalisiert und den meisten von uns wohlvertraut.

Eine andere Art, sich zu entschuldigen, kann folgendermaßen klingen:

„Es macht mich traurig zu sehen, dass mein Verhalten dich so sehr geschmerzt hat. Ich möchte wirklich gern mehr darüber hören, wie mein Handeln auf dich gewirkt hat."

Ich höre dem anderen empathisch zu, bevor ich erzähle, was die Situation mit mir gemacht hat. Wenn ich zuhöre, nehme ich auf, wie meine Taten den anderen beeinträchtigt haben, und betrauere meine Entscheidungen, die dazu geführt haben.

Seine Entscheidung betrauern ist etwas anderes, als sich für sie zu schämen. Wenn ich traure, verstehe ich, wie mein Handeln andere beeinträchtigt hat, welche Bedürfnisse dadurch nicht erfüllt wurden und wie diese Einsicht auf mich selbst wirkt. Sowohl meine eigenen Bedürfnisse als auch die der anderen sind wichtig für mich.

Schlüsselunterscheidung 13:
Der Unterschied zwischen „mit Fokus auf den Inhalt zuhören" und „mit Fokus auf den Prozess zuhören"

Liegt der **Fokus beim Zuhören auf dem Inhalt** dessen, was jemand sagt, achten wir darauf, was die Person über ein Geschehnis erzählt, welche Worte er oder sie verwendet. Davon ausgehend stellen wir Vermutungen an, welche Gefühle dies geweckt haben mag und welche Bedürfnisse nicht erfüllt wurden.

Wenn wir unseren **Fokus auf den Prozess** legen, hören wir darauf, was in einer Person in diesem Moment vorgeht – mit welchen Gefühlen und Bedürfnissen er oder sie in Berührung ist, während wir lauschen.

Hören wir uns selbst empathisch zu, gilt diese Unterscheidung ebenso. Wir können darauf achten, was wir über das Erlebnis und unsere Gefühle währenddessen denken. Oder wir können in uns hineinfühlen – nun, da wir daran denken, was geschehen ist – und wahrnehmen, zu welchen Bedürfnissen wir in diesem Moment eine Verbindung herstellen können.

Reflexion

Barbro rief ihren früheren Arbeitskollegen Bengt an. Nach einem aufreibenden Treffen in der Firma, in dem es um einen Vorschlag zur Umstrukturierung gegangen war, war sie verzweifelt und wütend.

„Es war absolut schrecklich gestern", sagte sie. „Niemand hörte mir zu. Alle dachten nur an sich und daran, was sie selbst auf dem Herzen hatten, welche Veränderungen sie sich wünschten. Es war so verdammt hoffnungslos. Wir waren nicht mal in Reichweite eines Dialogs. Es war genau wie immer."

Bengt, der lange vor den ersten Überlegungen zu einer Umstrukturierung gekündigt hatte, kam die Situation bekannt vor. Er war vor allem neugierig darauf zu hören, was Barbro über den Inhalt des Treffens und über seine ehemaligen Kollegen zu erzählen hatte. Gleichzeitig wollte er sie unterstützen, daher sagte er:

„Aha, ich nehme an, du wärst gern gehört worden, denn wenn ihr einander nicht zuhört, kann kein Dialog entstehen."

Sie hingen immer noch in Barbros Schilderung der gestrigen Ereignisse fest. Das wurde deutlich, als sie antwortete:

„Ja, so ist es jedes Mal. Immer gibt es Streit und es fühlt sich vollkommen sinnlos an, überhaupt ein weiteres Meeting abzusitzen."

Wenn Bengt sich stattdessen auf Barbros Prozess konzentriert hätte, hätte er sich – ausgehend von dem, was sie über das Treffen berichtete – den Gefühlen zuwenden können, die in diesem Moment in ihr lebendig waren. Er hätte vielleicht Folgendes fragen können:

„Ist es so, dass du dich traurig fühlst, wenn du an das Treffen denkst, weil du gern jemanden mit deinen Worten erreichen möchtest und weil du dir wünschst, dass ihr eine Lösung findet, mit der alle zufrieden sein können?"

Dann kann Barbro einstimmen:

„Ja, so ist es jedes Mal!"

Und Bengt hört weiter den Vorgängen in ihrem Inneren zu:

„Meinst du damit, dass du verzweifelt bist, wenn du daran denkst, und gern eine Veränderung sehen würdest? Ich vermute, du möchtest gern hoffen dürfen, dass ihr euch gemeinsam in eine Richtung bewegt, und so mehr erreichen könnt."

Schlüsselunterscheidung 14:
Der Unterschied zwischen „Empathie mit Fokus auf Bedürfnissen" und „Empathie mit Fokus auf unerfüllten Bedürfnissen"

Eine der Grundannahmen in der Gewaltfreien Kommunikation ist die, dass alle Menschen die gleichen universellen Bedürfnisse haben. Sie alle sind auf unterschiedliche Weise wichtig für unser Überleben und Wohlbefinden. Unsere Gefühle verraten uns, ob unsere Bedürfnisse erfüllt sind oder nicht. Die Bedürfnisse selbst haben entweder eine positive oder eine negative „Ladung" und wir tun, was wir können, um sie zu erfüllen, auch wenn uns das nicht immer glückt.

Wenn wir empathisch zuhören, können wir uns entscheiden, unsere **Aufmerksamkeit auf Bedürfnisse** (hier durch eine Sonne dargestellt) zu richten. Wir können zum Beispiel sagen: „Ich nehme an, du möchtest Gemeinschaft erfahren?", selbst wenn unser Gesprächspartner über ein Bedürfnis spricht, das nicht erfüllt ist. Wir „übersetzen" die Gedanken an einen Mangel in eine Vermutung, wonach sich der andere sehnen könnte, und verscheuchen so die Wolken, die das Bedürfnis verdecken.

Lauschen wir mit Empathie und richten unsere **Aufmerksamkeit dabei auf unerfüllte Bedürfnisse**, entscheiden wir uns, die vermuteten Bedürfnisse als Mangel zu formulieren. Häufig kommt dabei das Wort „nicht" zum Einsatz, zum Beispiel: „Ich vermute, dass du dich nicht gesehen fühlst?" So verbleiben wir mit unserem Gegenüber bei dem, was er oder sie vermisst.

Einige Beispiele sollen den Unterschied verdeutlichen:

„Bist du gereizt, weil du keinen Respekt erlebst?"

Verglichen mit: „Bist du gereizt, weil Respekt sehr wichtig für dich ist?"

Oder: „Bist du enttäuscht, weil du dich nicht frei fühlst, selbst zu entscheiden?"

Verglichen mit: „Bist du enttäuscht, weil dir Entscheidungsfreiheit sehr viel bedeutet?"

Reflexion

„Bist du traurig, weil dein Bedürfnis nach Gemeinschaft nicht erfüllt ist?", fragte ich Karin. Diese Vermutung kann Karin helfen, eine tiefere Verbindung zu
ihrer Trauer darüber herzustellen, keine Gemeinschaft
zu erfahren. Aber eine Vermutung, die mit einer Nega-
tion formuliert ist – wie in diesem Beispiel –, kann
manchmal dazu führen, dass der andere die Unterstützung eher als Sympathie[17] denn als Empathie auffasst.[18]

Karin könnte aus dieser Vermutung Mitleid heraushö-
ren und nur noch tiefer in Trübsal versinken. Wenn wir
Vermutungen auf diese Weise äußern, richten wir den
Fokus auf die Wolke, die die Sonne verdunkelt, statt auf
die Sonne selbst, die immer scheint.

Wer sich in seinen Gefühlen suhlt[19], verliert leicht voll-
ständig den Kontakt zu dieser „Sonne", die stets da
ist.[20] Dann sehen wir die Sonne nicht länger, weil unser
„Regenschirm" sie verbirgt.

Hätte meine Äußerung in Bezug auf Karins Gefühle
das Bedürfnis selbst in den Fokus gerückt, hätte ich
sagen können:

„Bist du traurig, weil dir Gemeinschaft sehr wichtig
ist?"

Indem wir empathisch zuhören, möchten wir unserem
Gegenüber helfen, seinen Gefühlen zu lauschen und
sie mit Bedürfnissen in Verbindung zu bringen. In
unserer Vermutung koppeln wir das, was der andere
fühlt, direkt an ein Bedürfnis, das sich hinter dem
Gefühl verbergen könnte. Auf diese Weise helfen wir dem anderen effektiver dabei,
„die Sonne zu finden" und eine Sehnsucht nach einem Verhalten zu wecken, das
zu mehr „Sonnenschein" führt. Wird dem anderen zum Beispiel bewusst, dass er
Gemeinschaft braucht, kann er leichter etwas tun, um dieses Bedürfnis auf die eine
oder andere Weise zu befriedigen.

Schlüsselunterscheidung 15:
Der Unterschied zwischen „behaupten" und „vermuten"

Der Unterschied zwischen Behauptungen und Vermutungen liegt darin, wie wir uns zu dem verhalten, was in einer anderen Person vorgeht.

Behaupten wir etwas über jemanden, gehen wir von unseren Beobachtungen aus und von unseren eigenen Gedanken darüber, was in dem anderen vorgehen könnte. Vielleicht möchten wir, dass unser Gegenüber bestätigt, dass unsere Behauptungen tatsächlich mit dem übereinstimmen, was er oder sie denkt und fühlt.

Wenn wir **vermuten**, was in einer anderen Person vorgeht, tun wir das, um besser mit ihm in Verbindung und leichter in der Lage zu sein, mit ihm oder ihr präsent zu sein. Wir sind offen für die Möglichkeit, dass unsere Vermutung vielleicht nicht zutrifft.

Ob wir uns für Vermutungen oder für Behauptungen entscheiden, hängt vor allem davon ab, mit welcher Intention wir uns dem anderen nähern.

- Wenn wir zu wissen glauben, was in dem anderen vorgeht, geht es häufig eher darum, die eigenen Gedanken bestätigen zu lassen, als um eine Verbindung zu einem anderen Menschen.
- Wenn wir mithilfe von Vermutungen Verbindung zu dem aufnehmen, was in einer anderen Person vorgeht, vermeiden wir statische Behauptungen und sind stattdessen offen dafür, dass jede Sekunde etwas Neues geschehen kann.
- Indem wir Vermutungen anstellen, möchten wir den anderen in seinem inneren Prozess begleiten. Wir formulieren eine Vermutung, wenn wir die Verbindung zum anderen verloren haben und sie wieder aufnehmen möchten oder wenn wir glauben, dass der andere Unterstützung benötigt, um in seinem Prozess weiterzukommen.

Reflexion

Ich erinnere mich an eine Situation, als mein Schwiegervater lange über Kunst und diverse Künstler sprach und es mir schwerfiel, interessiert zuzuhören. Mein Kopf war voller Vermutungen, warum er so ausführlich darüber sprach. Mehrere Male war ich kurz davor, ihn zu unterbrechen und zu sagen:

„Ich weiß, dass du Kunst magst, aber mich interessiert es nun wirklich nicht so sehr."

Stattdessen traf ich eine Entscheidung: Ich versuchte zu verstehen, warum dieses Thema so wichtig für ihn war. Er sprach über Kunst und Künstlertum, also nahm ich an, dass sein Anliegen etwas mit Kreativität zu tun hatte. In der nächsten kleinen Sprechpause warf ich eine kurze Vermutung ein. Statt zu äußern, was in mir vorging, fragte ich:

„Ist es so, dass du Kunst magst, weil dir Kreativität wichtig ist?"

Er hielt inne und antwortete dann, langsamer als zuvor:

„Nein, das ist es nicht … Es ist nur so, dass es so leicht für mich ist, Gott in dem zu sehen, was diese Künstler tun."

Ich bliebe eine Weile still und setzte dann vorsichtig erneut zu raten an:

„Und ist es so, dass dich das mit Sinn erfüllt?"

Er nickte und schwieg. Wir stellten eine Verbindung her, ohne dass ich ihn unterbrechen oder bitten musste, das Gesprächsthema zu wechseln. Ich verstand und erkannte die Bedürfnisse nach Sinn und Spiritualität wieder, weil diese auch für mich wichtig sind. Als wir uns universellen menschlichen Bedürfnissen zugewandt hatten, war es leichter für mich, zu genießen, dass er so ausführlich über Kunst sprach.

Schlüsselunterscheidung 16:
Der Unterschied zwischen „intellektuell vermuten" und „empathisch vermuten"

„Man kann keine neuen Ozeane entdecken, solange man nicht den Mut aufbringt, die Küste aus den Augen zu verlieren."

Unbekannt

Intellektuelle Vermutungen: Wir wollen verstehen und vermuten, manchmal von eigenen Erfahrungen ausgehend, was in einer anderen Person vorgeht. Wir versuchen Lösungen zu finden oder verwenden Erklärungsmodelle, von denen wir glauben, sie könnten dem anderen helfen, mit seinen Gefühlen umzugehen.

Wenn wir **empathisch vermuten**, versuchen wir zu verstehen, was in einer anderen Person vor sich geht. Wir vertrauen darauf, dass unsere Anwesenheit und die Verbindung, die wir herstellen, den anderen unterstützen werden, Kontakt zu seinen Gefühlen und Bedürfnissen aufzunehmen. Sobald wir unsicher werden oder die Verbindung verlieren, können wir die Bedürfnisse des anderen raten. Vielleicht tragen wir so dazu bei, dass der andere eine Verbindung zu Bedürfnissen bekommt, derer er oder sie sich vorher nicht bewusst war.

Ob wir versuchen, jemandem auf einer intellektuellen oder empathischen Basis zu verstehen, hängt davon ab, worauf wir unsere Aufmerksamkeit lenken. Bei intellektuellen Vermutungen möchten wir Lösungen finden und verharren oft bei dem, was geschehen ist. Wenn wir empathisch zuhören, versuchen wir teilzuhaben an dem Prozess, der in dem anderen im Moment abläuft. Wir versuchen nicht, zu erklären oder mit Lösungen zu kommen, sondern konzentrieren uns ganz auf den Kontakt.

Manchmal ist die Grenze zwischen intellektuellen und empathischen Vermutungen haarfein. Wer gehört wird, kann – egal auf welche Weise dies geschieht – in Berührung mit seinen Gefühlen und Bedürfnissen kommen.[21]

Reflexion

Mein Sohn war es gewöhnt, dass ich versuchte, mich empathisch in seine Situation hineinzuversetzen. An einem ungewöhnlich stressigen Morgen ließ er ein volles Milchglas auf den Boden fallen. Er, der zu diesem Zeitpunkt noch keine drei Jahre alt war, sah meinen frustrierten Gesichtsausdruck und sagte:

„Bist du jetzt enttäuscht?"

Seine Frage berührte mich so sehr, dass ich trotz des Frusts lachte, woraufhin er fortfuhr:

„Bist du jetzt fröhlich?"

Statt statisch zu analysieren, was ich fühlte, änderte er schnell seine Vermutung und folgte dem, was in mir vorging.

Manchmal ist eine einleitende Botschaft in einem Dialog nur die Spitze des Eisbergs – der größte Teil befindet sich unterhalb der Oberfläche. Ähnlich ist es mit unseren Gefühlen, die häufig stärker sind, als wir nach außen hin zeigen.

Wenn wir innehalten und keine vorschnellen Schlüsse aus dem ziehen, was eine Person zuallererst sagt, sondern stattdessen Vermutungen anstellen und empathisch zuhören, können wir häufig stärkere Gefühle hören als die, die die Person im ersten Moment mitgeteilt hat. Menschen entscheiden sich häufig, zu Beginn nur einen kleinen Teil dessen zu offenbaren, was in ihnen vorgeht; aber wenn wir gezeigt haben, dass wir wirklich zuhören wollen, kann es sich für den anderen sicher anfühlen, uns in seine Wirklichkeit einzuladen.

Wer sich gehört fühlt, kann Verbindung zu seinen inneren Prozessen aufnehmen. So wird mehr und mehr des „inneren Eisbergs" sichtbar – sowohl für die Person selbst als auch für denjenigen, der zuhört.

Schlüsselunterscheidung 17:
Der Unterschied zwischen „Sympathie" und „Empathie"

Wenn wir mit **Sympathie** zuhören, hören wir, was der andere zu sagen hat, und sprechen darüber, was dies in uns auslöst: Dass wir verstehen, was der andere durchlebt, und es aus eigener Erfahrung kennen.

Hören wir **empathisch** zu, nehmen wir wahr, was der andere fühlt und braucht, und versuchen mitzuerleben, was in ihm oder ihr vor sich geht. Wir können Vermutungen anstellen, wenn wir glauben, dass es die Verbindung stärkt, oder wenn wir den Faden verlieren. Empathie kann wortlos sein, aber wir können auch mit Worten wiedergeben, was wir den anderen sagen hören, um zu bekräftigen, dass wir präsent sind.

Der Unterschied zwischen Empathie und Sympathie lässt sich mit dem Bild eines Bergmassivs illustrieren. Auf dem einen Berggipfel stehe ich, auf einem Gipfel in der Nähe steht eine andere Person. Wenn ich jemandem mit Sympathie begegne, höre ich, was der andere von seinem Gipfel erzählt, und dann erzähle ich, was ich auf meinem sehe. Begegne ich dem anderen mit Empathie, klettere ich von meinem Gipfel herunter, besteige den Berg des anderen und versuche zu sehen, was er oder sie von seinem/ihrem Gipfel aus wahrnimmt.

Beim empathischen Zuhören richten wir unsere Aufmerksamkeit auf das, was in der anderen Person vorgeht; haben wir Sympathie, stehen wir in Kontakt mit dem, was das Erlebnis des anderen in uns selbst auslöst. Wenn wir mit Sympathie zuhören, pflichten wir bei, bemitleiden oder geben vielleicht einer dritten Person die Schuld für das, was der andere gerade fühlt. Vielleicht übernehmen wir das Gespräch und fangen an von einem ähnlichen Erlebnis zu erzählen, um zu zeigen, dass wir den anderen verstehen. Leider führt das selten zu der Art Verbindung, die wir uns wünschen. Eine Person, der Sympathie entgegengebracht wird, kann sich sicherlich verstanden fühlen – aber gleichzeitig besteht das Risiko, dass „Wasser auf die Mühlen" dieses Menschen gegossen wird. Sympathie kann die Auffassung bestärken, etwas, das jemand anderes gesagt oder getan hat, sei die Ursachen der Gefühle, was wiederum dazu beiträgt, ein mögliches „Feindbild" zu verstärken.

Wer glaubt, die Ursache seiner Gefühle sei etwas, was ein anderer getan hat, hat vermutlich auch Schwierigkeiten, die eigenen Bedürfnisse klar zu sehen. Das kann zu einem Gefühl der Machtlosigkeit führen oder dazu, dass die Versuchung wächst, den anderen zu bestrafen.

Sympathie zwischen Mitgliedern einer Gruppe kann zu einem „Sie-vs.-wir"-Denken beitragen. Das kann den Zusammenhalt der Gruppe verstärken – gleichzeitig ist das Risiko groß, dass das auf Kosten von Beziehungen zu Menschen außerhalb dieser Gruppe geschieht.

Reflexion

Eine Zeit lang arbeitete ich mit einem großen Unternehmen zusammen, das Probleme mit seinem Kundenservice hatte. Die Angestellten berichteten, sie fühlten sich innerhalb ihres Teams von den anderen unterstützt. Als ich sie eine Weile beobachtete, bekam ich eine lebhafte Kostprobe der Sympathie, die sie einander entgegenbrachten. Erzählten sie ihren Arbeitskollegen von Problemen mit Kunden, ernteten sie häufig Beipflichtungen, Aufmunterungen oder Mitleid. Natürlich unterstützten sie einander – aber auf eine Weise, die häufig noch mehr Distanz zu den Kunden schuf.

Für mich ist es wichtig, dass eine Verbindung auf eine Weise hergestellt wird, die die Bedürfnisse aller beachtet. Sympathie oder Mitleiden hingegen lässt uns leicht vergessen, dass alle Bedürfnisse und Personen wichtig sind. In diesem Unternehmen wurden nun alle Mitarbeiter darin trainiert, empathisch zuzuhören. Ohne dass wir überhaupt den Umgang mit Kunden trainierten oder darüber sprachen, veränderte sich die Verhaltensweise der Kundenberater radikal. Sie konnten einander nun auf eine Weise zuhören, die ihre Kreativität förderte, ohne dass ihr Empfinden von Unterstützung abnahm. Dadurch fiel es ihnen leichter zu hören, was die Kunden benötigten, was wiederum dazu führte, dass sich der Kundenservice in die gewünschte Richtung veränderte.

Als ich einige Jahre später mit Angestellten einer anderen Firma arbeitete, dachte ich, ich könne mit ihnen nach dem gleichen Muster vorgehen. Aber obwohl auch sie im empathischen Zuhören trainiert wurden, veränderte sich nicht viel. Noch immer bekamen sie genauso viele Beschwerden von Kunden und empfanden Kundenkontakte als schwierig. Als wir darüber sprachen, wurde deutlich, dass viele der Angestellten so daran gewöhnt waren, Sympathie von ihren Arbeitskollegen zu erfahren, dass sie empathische Vermutungen weiterhin als Beipflichtungen hörten. Erst als wir den „Tanz" zwischen authentischem Selbstausdruck und Empathie übten, kam es zu einer Veränderung. Dadurch lernte ich, dass Empathie ohne Ehrlichkeit leicht als beipflichtend verstanden werden kann oder so, als wäre der andere auf unserer Seite, besonders wenn wir dies erwarten.

Sympathie – im Sinne von bemitleiden oder trösten – kann stützend sein und in manchen Situationen sogar lebensdienlich. Wenn sich mein fünfjähriger Sohn wehtut, scheint er weder Sympathie noch Empathie für seine Gefühle einzufordern, jedenfalls nicht im ersten Moment. In solchen Situationen möchte er zunächst, dass ich nachsehe, wo er sich verletzt hat, wie tief und groß oder blutig die Wunde ist. Außerdem möchte er, dass ich ihm zuhöre, was genau passiert ist, etwa worüber er gestolpert ist. Wenn man Menschen helfen möchte, die nach Unglücksfällen große Krisen durchleben, nach Bränden oder anderen traumatischen Erlebnissen, hat es sich gezeigt, dass das einzig wirklich Hilfreiche ist, sie in Gedanken zu dem Ereignis selbst zurückkehren zu lassen. Nicht, um sich darin zu vergraben, sondern um festzustellen, was eigentlich geschehen ist. Erst danach geht man dazu über, auf Gefühle, Bedürfnisse und andere Reaktionen zu lauschen. Vielleicht geht auch mein Sohn so vor, selbst wenn es sich nur um kleine Krisen handelt – zumindest in meinen Augen.

Schlüsselunterscheidung 18:
Der Unterschied zwischen „Ratschlägen" und „Empathie"

Ein **Rat** ist ein Vorschlag, wie jemand nach Meinung des Ratgebenden vorgehen sollte, um ein Problem zu lösen oder eine neue Herangehensweise für etwas zu finden, das schwierig ist oder schlichtweg unlösbar scheint. Ein Ratschlag – oder „guter Rat", wie man auch sagt – entspringt den Erfahrungen des Ratgebenden; häufig aus der Überzeugung heraus, das, was man zu berichten hat, könnte eine Unterstützung für den anderen sein.

Wenn wir jemanden **empathisch** hören, legen wir unser Augenmerk auf das, was derjenige über seine Situation zu sagen hat. Wir versuchen zu unterstützen und können – wenn wir glauben, es würde dem anderen helfen – Bedürfnisse und Sehnsüchte erraten, die der andere in der beschriebenen Situation hat. Wenn wir mit Empathie zuhören und der andere – mit oder ohne unsere verbale Hilfestellung – stellt eine Verbindung zu bislang nicht wahrgenommenen Bedürfnissen her, wird er mit großer Wahrscheinlichkeit selbst auf eine Strategie kommen, um diese Bedürfnisse zu erfüllen. Geschieht das nicht, bittet er vielleicht um Rat, und dann können wir uns entscheiden, ob wir diesen geben wollen oder nicht.

Im Gegensatz zu Empathie führen Ratschläge selten dazu, dass der andere eine tiefere Verbindung zu seinen Bedürfnissen herstellen kann. Häufig vergisst man als Ratgebender, dass der andere selbst die beste Einsicht in seine Situation hat und Ratschläge von außen selten etwas Neues bringen.

Ratschläge können wertvoll für jemanden sein, der sich festgefahren hat und nicht darauf kommt, wie er oder sie mit einem wahrgenommenen Hindernis umgehen kann. Aber selbst wenn jemand ein Gespräch mit der Bitte um einen Rat einleitet, kann es kontaktstiftend sein, dennoch Vermutungen darüber anzustellen, welche Bedürfnisse er oder sie mit dieser Bitte erfüllen möchte.

Wenn man – nachdem einem empathisch zugehört wurde – um Rat fragt, ist der Rat meist eine viel größere Hilfe, als wenn man ihn bekommt, ohne danach gefragt zu haben oder nur aus alter Gewohnheit darum gebeten hat.

Reflexion

Emmas Lebensgefährte Oskar hat eine andere Frau kennengelernt und sich entschieden, mit seiner neuen Liebe zusammenzuziehen und eine Familie zu gründen. Emma ist traurig und frustriert, als sie ihrer Mutter davon erzählt. Die Mutter versucht ihrer Tochter eine Hilfe zu sein und gibt Ratschläge, um die Emma nicht gebeten hat:

„Ja, aber du musst verstehen, dass es am besten für dich ist, loszulassen und weiterzugehen. Sitz nicht allein zu Hause und wälze das Problem hin und her, sondern geh raus und triff Menschen. Es gibt so viele nette Männer da draußen!"

Ein Rat wie dieser kann dazu führen, dass Emma sich für ihre Entscheidungen schämt. Oder sie wird wütend oder fühlt sich einsam und denkt, niemand würde sie verstehen. Der – sicher gut gemeinte – Rat ihrer Mutter kann dazu beitragen, eine Abwärtsspirale in Gang zu setzen, indem Emma versucht, sich zu verteidigen:

„Leicht zu sagen für jemanden wie dich, der nie verlassen wurde. Schließlich warst du es, die sich von Papa getrennt hat!"

Die Mutter wiederum hört Emmas Antwort als einen Versuch, ihr die Schuld zu geben, und nimmt nicht wahr, dass sich hinter Emmas Worten ein noch stärkeres Bedürfnis nach Empathie verbirgt. Stattdessen fühlt die Mutter Wut in sich hochsteigen. Sie denkt, Emma sei undankbar und sollte wissen, dass sie doch nur versucht, ihre Tochter zu unterstützen.

„Nein, das wurde ich nicht, aber es ist ja wohl offensichtlich, dass du dich nicht besser fühlst, wenn du immer so bitter und undankbar bist und dich von aller Welt abkapselst."

Rat geben ist ein Versuch zu unterstützen. Aber wenn es nicht das ist, was der andere gerade möchte, besteht die Gefahr, dass der Ratschlag – wie im gerade beschriebenen Beispiel – den Abstand vergrößert und keinem der Beteiligten hilft. Eine solche Situation beginnt mit einer frustrierten Person und endet mit zwei.

Hätte Emmas Mutter von Beginn an empathisch zugehört, wäre vielleicht folgendes Gespräch zustande gekommen:

„Ich bin wahnsinnig traurig und weiß gar nicht, was ich mit mir anfangen soll, ich habe keine Lust, überhaupt irgendetwas zu machen. Seit Wochen habe ich die Wohnung nicht verlassen, außer um Lebensmittel und Katzenstreu zu kaufen."

„Ich höre, dass du eine schwere Zeit durchmachst und darin gehört werden möchtest, wie hart das Ganze gerade für dich ist?"

Schluchzend: „Ja, es scheint einfach unerträglich, dass Oskar ausgezogen ist und dass die beiden sich bereits entschieden haben, zu heiraten und Kinder zu bekommen."

Nach einer kurzen Pause: „Ich vermute, dass das, was gerade passiert, erschreckend für dich ist und dass es wehtut, weil du eure Gemeinschaft sehr wertgeschätzt hast?"

„Ja, ich vermisse ihn so sehr." Noch mehr Weinen. „Es tut im ganzen Körper weh."

„Ich höre, dass er dir sehr viel bedeutet, und es klingt, als würdest du dich danach sehnen, Liebe zu geben und Liebe zu bekommen? Und dass du mit Leib und Seele trauerst, weil es so wichtig für dich ist?"

„Ja, ich sehne mich nun mal nach Liebe, aber ich will keine Liebe von jemandem, der nicht mit mir zusammen sein will."

„Du wünschst dir Liebe und du möchtest an diese Liebe glauben können. Ist das richtig?

„Ja, ich möchte einfach, dass es echt und wahr ist!"

Nachdem Emmas Mutter noch etwas länger empathisch zugehört hat: „Weißt du, Emma, ich frage mich, ob du hören möchtest, was das, was du erzählst, in mir auslöst?"

„Ja, das möchte ich. Es fühlt sich gut an, auf diese Weise miteinander sprechen zu können. Das gibt mir Sicherheit in all dem Chaos."

Wenn beide erzählen, wo sie gerade stehen, und einander empathisch zuhören, können sie an einen Punkt kommen, an dem Emma ihre Mutter um Rat fragt. Vielleicht kommt sie zu dem Schluss, dass Ratschläge und Betrachtungsweisen anderer ihre Bedürfnisse am besten erfüllen. Und dann besteht eine reelle Chance, dass die Situation, die mit einer frustrierten Person begonnen hat, mit zwei Menschen endet, die zuversichtlich sind, sich weiterhin gegenseitig unterstützen zu können.[22]

Schlüsselunterscheidung 19:
Der Unterschied zwischen „empathisch zuhören" und „trösten"

Ob wir empathisch zuhören oder ob wir trösten: In beiden Fällen möchten wir dem anderen beistehen. Der Unterschied liegt darin, wie wir zuhören und wie wir uns in Relation zu den Gefühlen eines anderen verhalten.

Hören wir empathisch zu, dann horchen wir darauf, was der andere fühlt und braucht, und fühlen uns in das ein, was in ihm vorgeht. Empathie kann wortlos sein, aber sie kann auch verbal spiegeln, was wir den anderen sagen hören. Etwa durch Fragen aus unserer Perspektive, wenn wir meinen, den Faden verloren zu haben. Oder durch Vermutungen, von denen wir glauben, sie könnten dem anderen dabei helfen, die Verbindung zu seinem Inneren herzustellen oder zu vertiefen.

Trösten wir, dann hören wir den anderen von etwas erzählen, wegen dem er oder sie sich traurig fühlt – oder interpretieren es so, als wäre der andere traurig. Wir versuchen zu unterstützen, indem wir verschiedene Strategien finden, um die Traurigkeit unseres Gegenübers „wegzubekommen". Oder wir versuchen den anderen aufzumuntern, sodass er es schafft, mit dem Gefühl umzugehen. Trost kann sich auf unterschiedliche Art zeigen. Außer ablenkenden Manövern oder Körperkontakt können wir etwas sagen wie: „Du wirst sehen, es geht vorüber." Oder: „Ich weiß, dass du das schaffst, du bist so stark!"

Reflexion

Ich denke an den fast unüberwindbaren Herzschmerz, unter dem ich als Teenager litt. Im wahrsten Sinne des Wortes war der Kummer unsagbar: Ich konnte nicht darüber sprechen. Aber es gab Menschen, die ihn sahen, und vor allem gab es Menschen, die trösteten:

„So süß und charmant wie du bist, taucht bestimmt bald jemand anders auf, du wirst schon sehen." Oder: „Jaja, da mussten wir alle durch, das geht vorüber."

Wenn ich daran zurückdenke, werde ich noch immer sehr traurig und mir wird klar, dass ich mich nicht daran erinnern kann, damals ein einziges Mal auf jemanden getroffen zu sein, der mir empathisch zuhörte. Welchen Unterschied hätte es gemacht, wenn nur einmal jemand gesagt hätte:

„Ich nehme an, du sehnst dich sehr danach, dass jemand einfach nur dasitzt und dir ein Weilchen zuhört?"

Stattdessen verschrieb der Schularzt Tabletten und die Schulkrankenschwester versuchte zu trösten und sagte, es würde vorübergehen. Meine beste Freundin legte den Arm um meine Schultern und versprach, dass sich alles lösen würde, sobald ich jemand anders fand. Der Junge, mit dem ich gemeinsam die Physikexperimente durchführte, tröstete mich auf seine Weise, indem er auf einen Zettel schrieb, er wäre gern der Apfel, in den ich gerade hineinbiss, und brachte mich so zumindest zum Lächeln.

Zu Hause war die Botschaft, auch wenn es nicht so deutlich gesagt wurde: Reiß dich zusammen und kümmere dich um die Schule. Die Bedürfnisse, die ich gern erfüllt hätte, waren die nach Respekt und einem Raum, um trauern zu dürfen. Ich sehnte mich danach, in meinem Schmerz gesehen zu werden und Empathie zu bekommen, aber das wusste ich damals noch nicht. Jetzt, viele Jahre später, versuche ich meine Erfahrungen zu nutzen, um – mithilfe der Kraft des empathischen Zuhörens – eine Verbindung zu den Menschen herzustellen, die meinen Weg kreuzen.

So sagt z.B. ein junger Verwandter: „Ich bin so traurig, sie will Schluss machen ... Was soll ich nur tun?"

Selbst wenn das wie eine Frage nach einem „guten Rat" formuliert ist, verzichte ich darauf, einen Rat zu geben. Ich tröste nicht, zumindest nicht zu Beginn. Stattdessen versuche ich zuzuhören, folge dem „Tanz" und nehme Bedürfnisse wahr, die ans Licht kommen wollen.

Schlüsselunterscheidung 20:
Der Unterschied zwischen „trauern" und „aufgeben"

Mit **trauern** meinen wir, dass wir unser Augenmerk auf das richten, was wir jetzt im Augenblick in Bezug auf etwas fühlen, das vor Kurzem oder aber vor langer Zeit geschehen ist und uns bedrückt. Das kann etwas sein, das wir getan oder nicht getan haben, sodass wir nicht in Harmonie mit unseren Bedürfnissen oder den Bedürfnissen anderer waren. Nun stellen wir auf eigene Faust oder mit der Hilfe anderer eine Verbindung zu dem Bedürfnis (oder den Bedürfnissen) hinter der Trauer her.

Wir können jemanden bitten, uns empathisch zuzuhören, um auf diese Weise die Bedürfnisse zu finden, die nicht erfüllt waren, und vielleicht auch eine Strategie zu entwickeln, um sie nun zu befriedigen. Wenn wir trauern, fühlen wir weder Schuld noch Scham, wir machen uns selbst keine Vorwürfe oder sind deprimiert – was leicht der Fall ist, wenn wir glauben, einen Fehler gemacht zu haben.

Wenn wir **aufgeben**, versuchen wir mit etwas abzuschließen und es zu vergessen oder aber nicht mehr an das zu denken, was geschehen ist und was zu betrauern uns gutgetan hätte. Resignieren wir, haben wir für gewöhnlich die Verbindung zu unseren eigenen Bedürfnissen verloren. Dann werden wir leicht passiv, weil wir keinen Kontakt zu möglichen Strategien haben, die wir wählen könnten, um uns besser zu fühlen. Wir riskieren, uns in Gedanken darüber zu verlieren, was „richtig" und was „falsch" ist und was wir selbst oder andere anders hätten machen sollen.

Der große Unterschied zwischen trauern und aufgeben hat damit zu tun, worauf wir unser Augenmerk legen, wenn wir etwas erlebt haben, das das Gefühl von Trauer in uns weckt. Wer aufgibt, versucht sich durch diverse Strategien von den unerfüllten Bedürfnissen abzuwenden. Dann fehlt womöglich die Kraft nachzufühlen – man sehnt sich nach Ruhe, verfügt vielleicht nicht über die nötigen Ressourcen und Fertigkeiten oder ignoriert, dass es diese und das unerfüllte Bedürfnis überhaupt gibt. Wer hingegen trauert, konzentriert sich stattdessen auf das unerfüllte Bedürfnis und kommt so mit größerer Wahrscheinlichkeit auf Strategien, um es zu befriedigen.

Trauern ist ein Prozess, für den die Verbindung zu unseren Bedürfnissen entscheidend ist – und das Trauern selbst ist schon ein Bedürfnis an sich. Wenn wir aufgeben, kapseln wir uns von unseren wichtigen inneren Antriebskräften ab und haben es schwer weiterzumachen.

Reflexion

Ich denke an ein Paar, das ich kenne und das sich vor vielen Jahren entschieden hat, getrennte Wege zu gehen. Abgesehen von allen Vorurteilen, die aus dem Umfeld hereinprasseln, finanziellen Problemen und einem veränderten materiellen Standard, beeinflusst auch unsere Art, mit unserer Trauer umzugehen, wie wir uns fühlen. In diesem Beispiel zog sie sofort mit einer neuen Liebe zusammen und ihr Leben ging – so sah es zumindest aus – gut weiter, ohne dass sie trauerte. Für ihn wurde die Trauer fast lähmend, sodass er nach einer Weile Hilfe suchte und die Verbindung zu seinen Bedürfnissen und der Gemeinschaft herstellte, die er vermisste. Er betrauerte die Trennung, dass er seine beiden Töchter nun nicht mehr täglich sah und dass das gemeinsame Leben mit den Katzen und der Natur rund um das Haus, in dem sie zusammen gelebt hatten, vorbei war. Und er betrauerte die Träume, die er nicht verwirklicht hatte. Nichts war so geworden, wie er es sich gedacht hatte.

Fünf Jahre später sieht das Bild ganz anders aus. Er hat einen Weg gefunden, um Kontakt zu seinen Töchtern zu haben, und ein Zuhause, in dem er sich wohlfühlt. Die Katzen der Nachbarn kommen manchmal zu ihm herüber und streichen schnurrend um seine Beine und er hat viele Freunde, die es genießen, ihn und seine Mädchen zu besuchen. Und er liebt seinen Job!

Was seine frühere Frau betrifft, steht die Sache anders. Seit ein paar Jahren ist sie immer wieder krankgeschrieben und der Mann, mit dem sie nach der Trennung zusammengezogen war, hat sie nach einem Jahr verlassen. Auf ihn folgten neue, immer etwa ein Jahr andauernde Beziehungen. Sie sagt selbst, sie sei „bitter", und es fällt ihr schwer, die helfenden Hände zu ergreifen, die sich ihr aus allen Richtungen entgegenstrecken. Sie beharrt darauf, dass sie als Pechvogel geboren wurde und dass dies der Grund für ihre Situation sei. Daher „gerate" sie immer wieder in schlechte Beziehungen.

Mich erinnern die Lebenswege dieser beiden Menschen daran, dass wir selbst in schweren Phasen Kraft aus der Verbindung mit unseren Träumen und inneren Triebkräften schöpfen können und dass dann eine Weiterentwicklung möglich ist. Es erinnert mich außerdem an die Trauer, die ich fühle, wenn ich darüber nachdenke, dass das ganze Leben zu einer langen schmerzhaften Reise werden kann, wenn wir nicht gut in Kontakt mit unseren Bedürfnissen sind oder vor ihnen fliehen. Und durch die in unserer Gesellschaft immer wieder vorgebrachten Ansichten über Männer, Frauen und Scheidungen wird diese Reise nicht gerade leichter.

Schlüsselunterscheidung 21:
Der Unterschied zwischen „Selbst-empathie" und „sich in Gefühlen suhlen"

Selbstempathie: Wenn wir aus irgendeinem Grund Empathie benötigen, können wir uns selbst ebenso empathisch zuhören, wie wir es bei anderen tun. Das kann passieren, wenn wir Glück fühlen und in unserem Gefühl gehört werden möchten, die ganze Welt umarmen zu können; oder wenn wir trauern und alles tiefschwarz wirkt. Wir gehen von einer Beobachtung aus, erraten Gefühle und Bedürfnisse und denken darüber nach, worum wir uns selbst oder jemand anders bitten können, um die Bedürfnisse zu erfüllen, zu denen wir so eine Verbindung hergestellt haben.

Mit dem Begriff **„sich in Gefühlen suhlen"**, meinen wir das, was passiert, wenn wir uns auf unsere Gefühle konzentrieren, ohne gleichzeitig auf die ihnen innewohnende Botschaft zu lauschen. Suhlen wir uns in unserem Fühlen, passiert es leicht, dass wir uns selbst bemitleiden und in dieser Sichtweise stecken bleiben. Das wiederum verstärkt den Gedanken, wir befänden uns in einer unlösbaren Situation.

Reflexion

Passiert es Ihnen auch, dass Sie sich bei folgenden Gedanken ertappen: „Warum habe ich nicht dies oder jenes getan, ich hätte es doch so gern gemacht, aber jetzt ist es zu spät"?

Wenn Sie sich nach etwas sehnen, das Sie dann doch nicht tun, ist es wichtig, dies zu betrauern. Vielleicht eine Minute, einen Tag oder viele Jahre lang. Sie müssen trauern, um ein Gleichgewicht zu schaffen zwischen Ihrer Sehnsucht und dem Grund dafür, dass Sie sich entschieden haben, ihr nicht nachzugehen.

Bei Versuchen, diese Balance herzustellen, bleibt es oft dabei, dass wir „uns in unseren Gefühlen suhlen", uns selbst beschimpfen, anklagen, bemitleiden – oder vielleicht andere beschuldigen, unsere Trauer verursacht zu haben. Leicht können wir bei dem Gedanken bleiben, wir seien machtlos, was wiederum dazu beitragen kann, dass wir uns in eine Spirale von beurteilenden Gedanken ziehen lassen – gegen uns selbst und gegen andere gerichtet. Dann reden wir uns ein, wir seien Opfer der Umstände, und wir finden keine Verbindung zu den Bedürfnissen, die uns motivieren könnten, eine Veränderung herbeizuführen.

Entscheiden wir uns stattdessen, auf unsere Gefühle und unsere Bedürfnisse zu hören, während wir uns selbst für etwas anklagen, das wir „verpasst" haben (etwa eine Reise, die wir nie unternommen haben), eröffnen wir uns die Chance, einen Schritt weiterzukommen. Wir können herausfinden, was wir tun könnten, um die Bedürfnisse jetzt oder später zu erfüllen, vielleicht auf eine andere Weise. Geht es um ein Bedürfnis nach Unterhaltung und Kontakt, laden wir vielleicht zu einem Fest ein. Mit dieser Art Selbstempathie können wir auch versuchen, Kontakt zu den Bedürfnissen herzustellen, die tatsächlich erfüllt wurden, als wir das taten, was uns nun wurmt. Die Verbindung zu unseren Bedürfnissen kann uns Kraft geben zu handeln, um diese zu erfüllen – unter den verschiedensten Voraussetzungen, jetzt und in Zukunft.

Schlüsselunterscheidung 22:
Der Unterschied zwischen „Selbst-empathie" und „seine Gefühle ausagieren"

Wenn wir in der GFK von **Selbstempathie** sprechen, beziehen wir uns auf den Pro-zess, den wir durchlaufen, wenn wir uns selbst auf die gleiche Weise empathisch zuhören, wie wir es bei anderen tun. Wir hören auf das, was in unserem Inneren passiert, und suchen – unabhängig von dem, was vorgeht – nach den Beobachtungen, Gefühlen und Bedürfnissen, die sich hinter unserem Denken oder Tun verbergen. Mit Selbstempathie versuchen wir Strategien zu finden, mit denen wir unsere Bedürfnisse erfüllen können. Wir denken darüber nach, worum wir andere bitten wollen und was wir uns von uns selbst wünschen. Selbstempathie funktioniert – egal ob wir nun trauern oder feiern – immer auf die gleiche Art.

Ein **Ausagieren unserer Gefühle** manifestiert sich oft physisch. Wir können weinen oder schreien, um uns treten oder uns die Haare raufen oder wir können vor Freude lachen und springen. Vielleicht sprechen wir auch wieder und wieder über unsere Gefühle und über das, was wir als ihre Ursache ansehen. Unsere Gefühle auszuleben kann der Auftakt zu Selbstempathie sein. Aber wenn wir beim Ausagieren bleiben, dringen wir nicht zum Bedürfnisniveau vor und erkennen womöglich nur schwer, welche Strate-gien es geben könnte, um unbefriedigte Bedürf-nisse zu erfüllen oder um häufiger Freude zu erleben.

Mithilfe der Prinzipien der GFK können wir uns selbst empathisch zuhören und eine Verbindung herstellen zwischen dem, was wir fühlen, und dem, was wir benötigen. So erscheinen Gefühle nicht länger bedrohlich, kompliziert oder sinnlos, sondern werden vielmehr zu einer großen Hilfe, um zu verstehen, welche Bedürfnisse wir haben.

Wenn wir uns müde und uninspiriert fühlen, können wir nach innen horchen, um herauszufinden, ob es an einem Bedürfnis nach Ruhe liegt oder ob wir vielleicht Sti-mulanz benötigen. Fühlen wir Enttäuschung, liegt es vielleicht an einem unerfüllten

Bedürfnis nach mehr Kontakt. Sind wir gereizt, kann dies zum Beispiel ein Zeichen dafür sein, dass wir ein Bedürfnis nach Respekt oder Akzeptanz haben.

In unserer Kultur vermuten wir den Grund für starke Gefühle oft in dem, was andere getan haben, aber es gibt auch mehrere „Schulen", die meinen, starke Gefühle verrieten mehr über einen selbst als über den anderen. Ich empfinde es als inspirierender und hoffnungsvoller, noch einen Schritt weiterzugehen, als auf eigene Faust mit meinen Reaktionen zurechtzukommen oder aber sie nur anderen zur Last zu legen. Diesen Schritt gehe ich, wenn ich meine Gefühle an meine Bedürfnisse kopple und anderen erzähle, wie das, was sie getan haben, mich beeinflusst hat. Das tue ich in dem klaren Bewusstsein, dass meine Bedürfnisse die Ursache für mein Fühlen sind. Was andere getan oder gesagt haben, ist der äußere Stimulus, der auf mich eingewirkt und die Gefühle geweckt hat, die wiederum meine Bedürfnisse signalisieren. Wenn ich darüber nicht mit der Person spreche, die diese Gefühle in mir geweckt hat, wird es schwerer für ihn oder sie, mich zu unterstützen und eventuell die fragliche Verhaltensweise zu ändern.[23]

Schlüsselunterscheidung 23:
Der Unterschied zwischen „dominanz- orientierten Systemen" und „bedürfnis- orientierten Systemen"

In **dominanzorientierten Systemen** gehen wir davon aus, dass es eine „richtige" und eine „falsche" Art gibt, sich zu verhalten: sich selbst, anderen Menschen und der Umwelt gegenüber. Wir akzeptieren die herrschende hierarchische Struktur, in der die Obrigkeit das Recht hat zu bestimmen. Wir denken außerdem, gewisse Verhaltensweisen seien normal und andere unnormal. Darüber hinaus versehen wir einander mit positiven oder negativen Zuschreibungen und gehorchen Autoritäten, häufig aus Angst. Indem wir uns darauf berufen, was uns die „Obrigkeit" aufgetragen hat, weisen wir die Verantwortung für unsere eigenen Handlungen von uns.

Die Triebkräfte eines dominanzorientierten Systems sind Belohnungen und Bestrafungen. Angefangen beim einzelnen Menschen bis hin zum übergreifenden Rechtssystem sind sie in die Strukturen integriert. Menschen in einem solchen System lassen sich auch durch Schuld, Scham, Pflicht, Forderungen, Müssen und Verbindlichkeiten motivieren.

In **bedürfnisorientierten Systemen** versuchen wir, Rücksicht auf Bedürfnisse zu nehmen und so viele wie möglich zu erfüllen. Wir wünschen uns eine Verbindung nach innen zu uns selbst und nach außen zu anderen, um dadurch zur Erfüllung von Bedürfnissen beizutragen. Die Triebkraft hinter unserem Handeln ist der Wunsch, zum Wohlbefinden aller und des ganzen Planeten beizutragen. Dafür sind wir bereit zu geben, wenn es freiwillig geschieht, und zu nehmen, wenn etwas freiwillig gegeben wird. Wir bringen den sogenannten Autoritäten Respekt entgegen. Unser Kriterium für ihren Beitrag ist: Erfüllt er Bedürfnisse oder nicht?[24]

Der Unterschied zwischen diesen beiden Systemen tritt deutlich zutage, wenn wir vergleichen, was geschieht, wenn jemand sich nicht anpassen möchte. In dominanzorientierten Systemen (seien es Staaten oder Organisationen) gibt es häufig ein Sanktionssystem: Derjenige, der gegen die Regeln und Bestimmungen der Obrigkeit verstößt, riskiert Bestrafungen – von ausbleibenden Belohnungen bis hin zu Extremfällen wie Folter und Todesstrafe. Auch in dominanzorientierten Systemen auf Einzel- oder Gruppenniveau – in uns selbst, innerhalb unserer Familien und anderer Kleingruppen – kommen Bestrafungen und Belohnungen zum Einsatz.

In bedürfnisorientierten Systemen sind Regeln und Vorschriften eine Folge gegenseitiger Übereinkünfte. Wer eine Übereinkunft bricht, kann an diesem Regelverstoß gehindert werden, sofern er eine Gefahr für sich selbst, andere oder zum Beispiel die Natur darstellt. In bedürfnisorientierten Systemen greift man ein, um zu schützen, nicht um zu strafen.

Reflexion

Ich sitze vor einem Zeitungsartikel über zwei Schüler, 17 und 18 Jahre alt. Beide sind in der geschlossenen Abteilung eines Erziehungsheimes untergebracht und jetzt verurteilt worden, weil sie zwei Aufseher verletzt haben.

Als Anlass wird angegeben, dass der eine Schüler ermahnt wurde, seine Kopfbedeckung am Esstisch abzunehmen. Da der 17-Jährige sich trotz wiederholter Aufforderungen weigerte, die Kapuze abzunehmen, entschlossen sich die beiden Aufseher, ihn auf sein Zimmer zu bringen. Sie stellten sich neben ihn auf je eine Seite und legten die Arme um ihn. Als er versuchte, sich zu befreien, landeten alle drei auf dem Boden. Da kam ihm der 18-Jährige zu Hilfe. Die Situation lief aus dem Ruder und das Personal rief zur Verstärkung die Polizei. Als die Polizisten eintrafen, hatte sich der 18-Jährige bereits freiwillig in einen Einzelraum führen lassen, um sich zu beruhigen.

Dem Zeitungsartikel zufolge berichtete der angeklagte 18-Jährige dem Gericht, er sei so wütend geworden, als er den 17-Jährigen mit den beiden Aufsehern über sich auf dem Boden liegen sah, dass er nicht wusste, was er tat. Im Laufe der Verhandlung stellte sich heraus, dass der 17-Jährige sich geweigert hatte, die Kapuze abzunehmen, weil er beim Friseur gewesen und der Haarschnitt so missglückt war, dass er sich schämte, ihn jemandem zu zeigen. Der 17-Jährige wurde wegen gewaltsamen Widerstands gegen die Staatsgewalt verurteilt, der 18-Jährige wegen Widerstand gegen die Staatsgewalt und geringfügigem Drogenbesitz. Als Strafe wurden ein verlängerter Aufenthalt im Erziehungsheim und ein angemessener Schadenersatz verhängt.

Betrübt falte ich die Zeitung zusammen und denke darüber nach, wie sich die Beteiligten anders hätten verhalten können, hätten sie sich innerhalb eines bedürfnisorientierten Systems befunden und nicht in einem dominanzorientierten. Ich nehme an, Menschen, die in ihrer täglichen Arbeit dem Risiko gewaltsamer Auseinandersetzungen ausgesetzt sind, können sich gestresst und unsicher fühlen und wollen sich vor solchen Situationen schützen. Vermutlich haben sie innerhalb des Dominanzsystems gelernt, dass es notwendig ist, deutliche Grenzen zu setzen, um diese Jugendlichen dazu zu bewegen, sich an die Regeln zu halten. Ich kann mir kaum vorstellen, dass eine solche Situation in einem bedürfnisorientierten System überhaupt zustande gekommen wäre. Der Junge mit der missglückten Frisur hätte sein Bedürfnis nach Integrität erfüllen und die Aufseher hätten vermutlich andere Wege finden können, um sich wirklich um ihre Bedürfnisse nach Sicherheit und Respekt zu kümmern. Und wahrscheinlich wäre niemand auf die Idee gekommen, von dem 17-Jährigen zu verlangen, sich vor anderen zu zeigen, wenn es sich für ihn nicht gut angefühlt hätte.

Schlüsselunterscheidung 24:
Der Unterschied zwischen „Macht mit Menschen" und „Macht über Menschen"

Wie sehen wir Macht? Sie kann uns Zugang zu emotionalen und materiellen Ressourcen verschaffen, um Bedürfnisse zu befriedigen.

Macht mit: Die Bedürfnisse aller sind wichtig. Wir nutzen unsere Macht, indem wir unsere Ressourcen, unsere Kraft und unsere Fähigkeiten mobilisieren, um Dinge auf den Weg zu bringen, Beschlüsse zu fassen und Ziele (individuelle oder gemeinsame) zu erreichen. Dabei geht es um Ziele, die wir gemeinsam mit anderen festgelegt haben.

Macht über: Wir verhalten uns, als seien unsere Bedürfnisse wichtiger als die der anderen. Indem wir zum Beispiel mit Bestrafung drohen oder Belohnungen versprechen, nutzen wir unsere Macht und unsere Fähigkeiten, um andere zu den von uns gewünschten Handlungen oder Aussagen zu bewegen. Wir tun es so, dass – wenn auch nur kurzfristig – einige unserer eigenen Bedürfnisse erfüllt werden, ohne dabei Rücksicht auf die Bedürfnisse anderer zu nehmen.

Es gibt auch den Begriff **Macht unter**. Dabei geht es um die Machtlosigkeit, die besonders in Zusammenhang mit traumatischen Erlebnissen, Krieg, Misshandlungen, Gewaltandrohungen oder anderen als lebensbedrohlich empfundenen Ereignissen auftreten kann. Machtlosigkeit kann dazu führen, dass das unterdrückte Individuum selbst zum Unterdrücker wird, weil es sich das Verhalten aneignet, unter dem es leiden musste. Wenn wir auch diese Seite der Macht begreifen, erhalten wir ein weiteres Werkzeug, um Gewaltkreisläufe zu durchbrechen.[25]

Reflexion

Ich gehörte einmal zu einem Team, in dem alle Beteiligten fanden, dass wir mit der Arbeit auf der Stelle traten. Unser Chef wurde – für jeden verständlich – immer unzufriedener mit unseren Ergebnissen und die Stimmung innerhalb der Gruppe sank auf ein ernst zu nehmendes frustriertes Niveau. Niemand freute sich auf die wöchentlichen Besuche des Chefs. Als wir die Situation innerhalb der Gruppe genauer unter die Lupe nahmen, wurde uns klar, dass es der Chef selbst war, der die Veränderung verhinderte, die er sich doch wünschte – natürlich ohne es zu ahnen. Aber dann fuhr er auf eine Fortbildung und das nächste wöchentliche Meeting verlief ganz anders. Unser Vorgesetzter eröffnete die Sitzung, indem er sagte:

„Ich habe gerade beschlossen, dass alle mehr beteiligt sein sollen und von nun an mitbestimmen dürfen."

Verwundert und misstrauisch schauten wir einander an. Ich konnte mich nur mühsam zurückhalten, ihm auf der Stelle zu sagen, was er anders machen sollte. Nach ein wenig Selbstempathie versuchte ich stattdessen in Worte zu fassen, was ich befürchtete. Ich fragte mich, wie es werden sollte, wenn er weiterhin Entschlüsse über unsere Köpfe hinweg fasste, selbst wenn die Beschlüsse – wie in diesem konkreten Fall – die Absicht verfolgten, uns mehr in die Entscheidungsprozesse einzubinden. Er war offen dafür, von uns zu hören, was er unserer Meinung nach hätte anders machen können. Nach verschiedenen Vorschlägen kamen wir zu dem Ergebnis, dass es sich viel mehr wie eine Einbindung angefühlt hätte, wenn er ungefähr Folgendes hinzugefügt hätte:

„Im Nachhinein wird mir bewusst, dass ich mit meiner Einleitung ‚Ich habe gerade beschlossen, dass alle mehr teilhaben sollen und von nun an mitbestimmen dürfen' vermutlich nicht so einladend geklungen habe, wie ich es mir gewünscht hätte. Ich wünschte, ich hätte stattdessen etwas in diese Richtung gesagt: ‚Ich habe verstanden, dass ich euch nicht an Entscheidungsprozessen habe teilhaben lassen und dass diese Tatsache uns als Gruppe bislang gehemmt hat. Ich habe viel darüber nachgedacht und möchte jetzt, dass ihr teilhabt und in einigen wichtigen anstehenden Fragen mitbestimmt. Wie fühlt es sich für euch an, das zu hören? Möchtet ihr teilhaben und falls ja, auf welche Weise möchtet ihr mitbestimmen?'"

Dies ist ein Beispiel für den Unterschied zwischen Macht haben mit und Macht haben über. In diesem Fall führte es dazu, dass das Personal Ziele formulierte, zu denen der Chef dann seine Meinung äußern konnte, und so hangelten wir uns vorwärts, bis wir eine Arbeitsweise fanden, die Resultate brachte.

Schlüsselunterscheidung 25: Der Unterschied zwischen „Angst vor Autoritäten" und „Respekt vor Autoritäten"

Der Unterschied zwischen Angst und Respekt vor Autoritäten zeigt sich darin, wie wir uns jemandem gegenüber verhalten, den wir mit dem Etikett „Autoritätsperson" versehen haben.

Angst vor Autoritäten: Wenn wir das tun, worum uns eine „Autoritätsperson" bittet, weil wir uns vor einer Strafe oder dem Ausbleiben einer Belohnung fürchten, handeln wir aus Angst vor dieser Autorität. Dann verhalten wir uns wie hörige „Untertanen" und versuchen nicht, die Strategie der Autorität zu beeinflussen, selbst wenn wir Handlungsalternativen sehen. Fürchten wir uns vor einer Autorität, dann übersehen wir leicht den Menschen hinter dem Etikett, weil wir vollauf damit beschäftigt sind, uns selbst zu schützen.

Respekt vor Autoritäten: Haben wir Respekt vor jemandem, den wir als Autorität bezeichnen, legen wir besonderes Augenmerk auf die Fähigkeiten dieser Person auf dem Gebiet, in dem wir ihn oder sie als „Autorität" ansehen. Das bedeutet nicht, dass wir den Äußerungen dieser Person blind folgen. Stattdessen wägen wir seine oder ihre Worte ab, um zu sehen, auf welche Weise sie hilfreich sein können. Auch wenn diese Person eine Autorität auf ihrem Gebiet ist, sehen wir sie zuallererst als einen Menschen mit Gefühlen und Bedürfnissen, wie alle anderen auch.

Reflexion

Die Begriffe Autorität und autoritär werden manchmal in einen Topf geworfen. Daher möchten wir darauf hinweisen, dass man Kenntnisse und Fertigkeiten auf einem oder mehreren Gebieten haben und daher als Autorität bezeichnet werden kann, ohne deshalb autoritär aufzutreten.

Die Bezeichnung „Autorität" könnte etwa folgendermaßen in Beobachtungen übersetzt werden: Er kannte die Konstruktion der Verbrennungsmotoren in allen zehn Automodellen, die wir begutachteten. Wenn wir jemanden als „autoritär" beurteilen, könnte eine Beobachtung lauten: Ich sah, wie er den Zeigefinger hob, während ich ihn zu Kalle sagen hörte: „Jetzt tust du, was ich sage, ohne so viele dumme Fragen zu stellen."

Wenn wir die Autorität einer Person respektieren, wissen wir ihre Kenntnisse und Fertigkeiten auf einem bestimmten Gebiet zu schätzen. Bei dem Gedanken daran, die Autorität eines anderen zu respektieren, fühlen wir uns meist ruhig, sicher und dankbar. Das bedeutet nicht notwendigerweise, dass wir tun werden, was die Autoritätsperson vorschlägt, da der Respekt in diesem Fall auch unserem eigenen freien Willen gilt. Der Respekt für eine Autorität lässt uns eine Wahl, die wir nicht zu haben glauben, wenn wir uns vor einer Autoritätsperson fürchten. Das ist der Unterschied zwischen der Furcht, die wir vor unseren Lehrern, Chefs, Ärzten oder Eltern haben, nur weil sie diesen Titel oder diese Bezeichnung tragen, und dem Respekt vor ihren Kenntnissen. Wir können sie noch immer als Mitmenschen sehen, während wir gleichzeitig anerkennen, dass sie auf einem gewissen Gebiet mehr können als wir selbst. Würden wir sie nur als „den Chef" oder „unseren Lehrer" ansehen, könnten wir leicht ihre Bedürfnisse übersehen. Vielleicht stellen wir sogar Anforderungen an sie, die wir von uns in andere Schubladen gesteckten Menschen nicht stellen würden.

Eine Komponistin, die von vielen wertgeschätzt wird und die wir als Autorität begreifen, hat die gleichen Bedürfnisse nach Fürsorge, Respekt und Akzeptanz wie alle anderen auch. Dass sie Musik schaffen kann, die Bedürfnisse erfüllt, sagt nichts darüber aus, wie gut sie in der Lage ist, für ihre Kinder zu sorgen oder ihr Auto in Schuss zu halten. Und wenn sie in einer Liebesbeziehung unglücklich ist, hat sie das gleiche Bedürfnis nach Verständnis wie wir anderen auch. Die Tatsache, dass sie nicht glücklich ist, muss ja auch nicht unser Erleben ihrer Musik und unsere Bewunderung für diese beeinflussen.

Schlüsselunterscheidung 26:
Der Unterschied zwischen „Gehorsam" und „Selbstdisziplin"

Der Unterschied zwischen Gehorsam und Selbstdisziplin liegt vor allem darin, warum wir tun, was wir tun – was also unsere Triebkräfte sind.

Wenn wir **gehorchen,** tun wir etwas, weil wir uns selbst sagen, es sei unsere Pflicht und dass wir es eben tun müssen. Vielleicht handeln wir so, um eine Belohnung zu bekommen – bzw. um uns selbst zu belohnen – oder um eine Strafe zu vermeiden.

Üben wir hingegen **Selbstdisziplin,** tun wir etwas, weil wir uns aus einem Wunsch oder einem Bedürfnis heraus dafür entschieden haben. Wir sehen, dass unser Handeln sowohl uns selbst als auch anderen zugutekommt.

Die eigentliche Handlung kann exakt die gleiche sein, egal ob ich sie ausführe, um zu gehorchen, oder weil ich mir Gedanken darüber gemacht habe, welche Bedürfnisse sie erfüllt. Der Unterschied liegt darin, mit wie viel Freude und Energie ich agiere und wie ausdauernd ich in meinem Tun bin. Wenn ich Dinge aus Gehorsam mache, höre ich mit dem, worum ich gebeten wurde, vielleicht auf, sobald niemand mehr hinsieht. Oder ich erledige es, sorge aber dafür, dass andere später auf diese oder jene Weise dafür bezahlen müssen. Es ist nicht ungewöhnlich, dass jemand, der von Gehorsam angetrieben handelt, ein Stadium erreicht, in dem ihm Revolte oder totale Unterwerfung als die einzigen Alternativen erscheinen.

Reflexion

Wenn ich innerlich wiederkehrende Gedanken darüber bemerke, dass ich etwas tun sollte oder müsste – *ich muss endlich aufstehen, ich sollte Sport treiben, ich sollte Mama anrufen, ich muss den Artikel fertig schreiben* –, halte ich für gewöhnlich inne. Ich habe gelernt, dass ein Teil von mir auf innere oder äußere Forderungen – in Form von *sollen* und *müssen* – mit dem Gedanken reagiert:

Ich habe keine Wahl, ich muss es tun.

In der nächsten Sekunde ist die Revolte da und ich sage zu mir selbst:

Ich kann mich frei entscheiden, im Bett liegen zu bleiben, wenn ich will. Joggingrunden, Telefongespräche und Artikel können mir gestohlen bleiben.

Wenn ich dann innehalte, kann ich eine Verbindung zu meinen inneren Bedürfnissen hinter den selbst gesetzten Zielen aufbauen. Dass ich zum Beispiel meine übliche Laufrunde vor Mittsommer in einer bestimmten Zeit schaffen möchte, meine Mutter jeden Tag anrufen will, um die Beziehung zu intensivieren, oder den Artikel für die Lokalzeitung vor Monatsende fertig haben will. Ich erinnere mich daran, dass ich mich um meine Gesundheit kümmern will. Außerdem möchte ich die Gemeinschaft mit meiner Joggingpartnerin aufrechterhalten und es genießen können, nach einer schweißtreibenden Laufrunde zusammen mit ihr in der Sauna zu sitzen. Und natürlich erfüllen die Telefonate mit meiner Mutter Bedürfnisse sowohl nach Gemeinschaft als auch nach Kontakt. Aber der Artikel, den ich schreiben soll, wie verhält es sich damit? Der fühlt sich immer noch wie ein Kampf an und es macht überhaupt keinen Spaß, daran zu denken. Als mir das bewusst wird, verstehe ich, dass ich meine Pläne hinsichtlich des Artikels überdenken, neue Ziele setzen und genauer hinschauen möchte, was mich dazu antreibt. Für wen schreibe ich ihn? Mache ich es, weil es inspirierend ist? Oder tue ich es, um gesehen zu werden, um tüchtig zu erscheinen? Glaube ich, fleißig sein und etwas leisten zu müssen, um gemocht zu werden?

Jedes Mal, wenn ich etwas für extrinsische Belohnungen mache und die Bedürfnisse dahinter vergesse, riskiere ich, die Freude an meinem Tun zu verlieren. Ein Anruf von einem Freund, der nach einem Detail meines Artikels fragt, macht mir bewusst, wie wichtig die Botschaft des Artikels ist, wie er für viele Menschen Klarheit schaffen könnte, und meine ganze Energie für den Artikel wandelt sich. Plötzlich kann ich nicht schnell genug damit anfangen. Nach einer Laufrunde, einem Saunagang mit meiner Laufpartnerin und einem Gespräch mit meiner Mutter sitze ich hier und schreibe an meinem Artikel. Von außen betrachtet kann es aussehen, als sei ich Sklave meiner Ziele, aber ich schwöre, dass es darum geht, das zu tun, was sich gut und sinnvoll anfühlt.

Schlüsselunterscheidung 27: Der Unterschied zwischen „beschützender Machtausübung" und „bestrafender Machtausübung"

> „Eine (...) Möglichkeit festzustellen, ob es sich um schützende oder strafende Anwendung von Macht handelt, besteht darin, die Absicht der Person, die die Macht ausübt, zu untersuchen."
>
> *Marshall Rosenberg*[27]

Wenn wir jemanden etwas tun sehen, was wir als potenziell gefährlich einschätzen, können wir aus zwei unterschiedlichen Sichtweisen versuchen, denjenigen daran zu hindern. Wir können eingreifen und die Person stoppen, um zu verhindern, dass sie sich selbst oder jemand anders schadet. Wir nutzen unsere Überlegenheit und **üben Macht aus, um zu schützen**, vollkommen davon überzeugt, dass die Person nicht beabsichtigt hat, Schaden zu verursachen.

Glauben wir hingegen, dass der Mensch an sich im Grunde ein böses und egoistisches Wesen ist, können wir in einer ebensolchen Situation – wenn jemand etwas tut, das wir für potenziell gefährlich halten – versuchen, das zu verhindern. Aber nun mit der Intention, der Person eine Lektion zu erteilen und ihn oder sie auf die eine oder andere Weise zu bestrafen. Wir machen uns unseren Einfluss zunutze und **üben Macht aus, um zu strafen**. Wir versuchen, dem anderen zu zeigen, was – unserer Meinung nach – richtig oder falsch ist, und den anderen dazu zu bewegen, sich so zu verhalten, wie wir es wollen.

Reflexion

Viele Eltern erkennen sich sicher in dieser Situation wieder:

„Jetzt hört ihr aber auf zu spielen!"

Zehn Minuten später, mit etwas lauterer Stimme:

„Ihr schaltet den Computer jetzt aus!"

Weitere zehn Minuten später, jetzt mit deutlich lauterer und schärferer Stimme:

„Macht sofort aus! SONST …!"

Diese Situation kam bei Freunden von mir häufiger vor. Man war übereingekommen – oder vielleicht hatten auch nur die Erwachsenen einhellig beschlossen –, dass die Kinder an Werktagen höchstens eine Stunde Computerspiele spielen durften. Wenn es Zeit wurde, den Computer auszuschalten, war es jedes Mal das Gleiche: Es gab Streit, laute Stimmen, missmutige Gesichter, „Nie wieder …" – und „Ich ziehe von zu Hause weg"-Drohungen und Etiketten wie „blödeste Mama oder blödester Papa der Welt" und „undankbare Kinder". Beschuldigungen hagelten nieder und die Situation eskalierte.

Meine Freunde, die sich mit GFK auseinandergesetzt hatten, waren sehr frustriert über diesen Kampf und darüber, dass sie nicht zu ihren Kindern durchdringen konnten. Als sich die Situation wiederholte, kurz nachdem wir ein langes Gespräch über dieses „Problem" geführt hatten, wurde dem Familienvater bewusst, dass er seine Bedürfnisse seit langer Zeit unterdrückt hatte. Als er verstand, dass er ein weiteres Mal auf dem besten Weg war, so wütend zu werden, dass er seinen Teenagersohn nur noch bestrafen wollte, entschied er sich, für seine Bedürfnisse einzustehen, statt mit Beschuldigungen zu reagieren.

Nachdem er seinen Sohn dreimal gebeten hatte, den Computer auszuschalten, und kein Gehör gefunden hatte, ging er seelenruhig zum Hauptschalter und legte den Strom im gesamten Haus lahm. Das führte natürlich zu empörtem Protestschrei. Aber da der Mann selbst weder gereizt noch wütend war, sondern mit der Absicht gehandelt hatte, sein Bedürfnis nach Integrität zu schützen, konnte er zuhören und die Entrüstung des Teenagers aufnehmen.

So kam es zu einem Dialog und einem Miteinander, das sich als weit tragfähiger erweisen sollte als eine Fortsetzung ihres üblichen „Spiels", in dem der Vater nicht für seine Bedürfnisse eingestanden war. Ohne einen anschließenden Dialog hätte die Stromabschalt-Aktion natürlich den genau gegenteiligen Effekt haben können. Wenn wir kraftvoll eingreifen, um zu schützen, ist es wichtig, so bald wie möglich das Gespräch zu suchen, um uns wieder auf die Verbindung zu konzentrieren.

In Zusammenhang mit einer Diskussion über das Thema „Macht ausüben, um zu schützen" erinnerte sich eine Mutter daran, dass sie einmal – ihre Tochter war vier Jahre alt – genau dies getan hatte. Sie hatte das Mädchen vor einer Horde wütender Schafböcke gerettet, indem sie es kurzerhand aus der umzäunten Weide geworfen hatte. Die Tochter hatte nur ein paar Schürfwunden an den Knien davongetragen – das hatte zumindest die Mutter geglaubt. Leider haben sie danach nicht mehr über das Ereignis gesprochen und die Tochter hatte bis ins Erwachsenenalter eine andere Sicht der Dinge. Über 20 Jahre lang war sie davon überzeugt, die Mutter hätte sie einmal mutwillig und ohne Anlass über einen Zaun geworfen. Nachdem auch die Tochter in das Gespräch einbezogen worden war, konnte das beschädigte Vertrauen repariert werden.

Schlüsselunterscheidung 28:
Der Unterschied zwischen „moralischen Urteilen" und „Bewertungen auf der Basis von Bedürfnissen"

„Interpretationen, Kritik, Diagnosen und Urteile über andere Menschen sind im Grunde ein verfremdeter Ausdruck unserer eigenen unerfüllten Bedürfnisse."

Marshall Rosenberg[28]

Mithilfe dieser Schlüsselunterscheidung merken wir, ob wir andere mit moralischen Begrifflichkeiten beurteilen: „Da warst du gut" oder „Jetzt bist du schlecht", „Das hast du richtig gemacht" oder „Es war falsch von dir, das zu tun". Wir berufen uns auf Urteile wie „normal" und „unnormal" und beurteilen einander ausgehend von der geltenden Moral unserer Zeit und der Kultur, in der wir leben. Diese Beurteilungen führen leicht dazu, dass wir andere bevormunden und über ihr Verhalten moralisieren. Zusammenfassend sprechen wir hier von **moralischen Urteilen.**

Wir können stattdessen jedoch auch Bedürfnisse als Bewertungskriterium heranziehen, für das, was wir und was andere tun. Dann fragen wir uns, welche Bedürfnisse durch eine Handlung erfüllt werden und welche nicht. Wir teilen anderen mit, welche unserer Bedürfnisse erfüllt oder nicht erfüllt werden, und wir würdigen es, wenn unsere Bedürfnisse und die anderer erfüllt werden. Die Frage, die wir uns stellen und die unseren Bewertungen zugrunde liegt, ist also: Erfüllt diese Handlung Bedürfnisse oder nicht? Diese Art des Beurteilens nennen wir **Bewertungen auf der Basis von Bedürfnissen.**

Wir beurteilen ständig, was wir selbst und was andere tun. Basieren unsere Bewertungen auf Vorstellungen von „richtig" und „falsch", werden wir uns anders artikulieren, als wenn sie auf Bedürfnissen basieren. Auch die Folgen dessen, was wir daraufhin sagen oder tun, werden vermutlich unterschiedlich ausfallen.

Reflexion

Während einer bestimmten Phase meines Lebens bezeichnete ich mich selbst und andere häufig als „verdammten Feigling". Diese Art Beurteilung ist ein Hinweis darauf, dass ich einen ganzen Sack von Vorstellungen darüber mit mir herumschleppte, wie ich und andere aufzutreten hätten, was wir tun sollten und wie. Ich ging davon aus, dass gewisse Handlungen richtig und andere falsch sind.

Einmal war ich sehr enttäuscht von meinem Freund Per wegen etwas, das er getan hatte. Ich war gereizt, verbittert und sauer und urteilte heftig, nicht nur in meinen Gedanken, sondern auch wenn ich über ihn sprach. Ich erzählte einem anderen Freund, was in mir vorging. Dabei nannte ich Per unter anderem einen „feigen Idioten". Der Freund hörte zu und surfte mit mir auf meiner inneren „Gefühlswelle". Hin und wieder äußerte er Vermutungen darüber, welche meiner Bedürfnisse unerfüllt waren.

Nach einer Weile konnte ich eine tiefe Verbindung zu meinem Inneren herstellen und mir fiel auf, wie sehr ich Unterstützung wertschätzte und wie wichtig es mir war, dass es jemanden gab, der da war, wenn ich ihn am meisten brauchte. Es steckte so viel mehr hinter der Beurteilung „feiger Idiot". Ich weinte und weinte – plötzlich ganz weich statt hart und tough – darüber, wie viele Male ich, aber auch andere, ausgewichen waren, statt für das einzustehen, woran wir glaubten. Und das nur aus Angst, nicht dazuzugehören oder nicht gemocht zu werden.

Seitdem habe ich mich nur noch sehr selten des Urteils „Feigling" bedient. In Situationen, in denen ich dies zuvor getan hätte, komme ich nun meist direkt in Kontakt mit meinem Bedürfnis nach Unterstützung und Integrität. Dann weiß ich, dass ich wählen kann, welche Art von Bewertungen ich verwenden möchte: solche, die auf moralischen Werturteilen basieren, oder solche, die auf Bedürfnissen basieren. In der Situation mit Per, den ich einen „feigen Idioten" genannt habe, hätte meine moralische Beurteilung ungefähr so ausfallen können:

Man kann sich überhaupt nicht auf ihn verlassen. Ständig lässt er mich im Stich. Am besten macht man gleich alles selbst, er hat ja sowieso keine Lust, irgendjemand anders zu unterstützen, er denkt nur an sich.

Wenn ich von diesen Gedanken ausgehend meine Bedürfnisse erforscht und mich gefragt hätte, wie ich mit diesen umgehen wollte, wäre ich etwa zu Folgendem gelangt:

Ich bin so verdammt enttäuscht! Per hatte versprochen, den Bericht fertig zu schreiben und dann kommt er zwei Tage nach der Abgabefrist und sagt, er habe keine Lust, ihn zu schreiben, obwohl er es versprochen hatte. Ich brauche gegenseitigen Respekt, um auch künftig auf eine Zusammenarbeit vertrauen zu können. Und ich sehne mich sehr nach Unterstützung.

Wenn meine Bewertungen auf Bedürfnissen basieren, gelingt es mir vielleicht auch, in Verbindung mit den Bedürfnissen zu kommen, die nicht erfüllt sind. In einem weiteren Schritt kann ich mithilfe einer solchen Einschätzung herausfinden, worum ich mich selbst, Per oder jemand anders bitten möchte. Auf diese Weise umgehe ich hoffentlich die Sackgasse, in die moralische Urteile häufig führen.

Schlüsselunterscheidung 29:
Der Unterschied zwischen „Bestrafungen" und „Konsequenzen"

Mit **Bestrafung** meinen wir eine bewusste Maßnahme, die jemand ergreift, damit andere verstehen, dass sie etwas getan haben, das „falsch" ist. Das Gegenteil davon sind Belohnungen, mit denen wir zum Ausdruck bringen, dass wir glauben, jemand habe sich „richtig" verhalten. Bestrafungen können sich auch durch ausbleibende Belohnungen zeigen. Eine Bestrafung wird von jemandem vollzogen und ist eine aktive Handlung.

Unter **Konsequenz** verstehen wir das natürliche Resultat einer Handlung. Eine Konsequenz entsteht als Folge dessen, was jemand tut, sei es absichtlich oder unabsichtlich. Eine Konsequenz kann Bedürfnisse erfüllen oder auch nicht.

Es ist ganz und gar nicht ungewöhnlich, das Wort Konsequenz als Synonym für Bestrafung zu verwenden – wir Autorinnen glauben jedoch nicht, dass es das ist – oder damit zu vertuschen, dass es sich tatsächlich um eine Bestrafung handelt. Dann straft man, ohne richtig dafür einstehen zu wollen. Dieser Sprachgebrauch lässt sich wohl darauf zurückführen, dass wir in einem System leben, in dem Belohnungen und Bestrafungen als notwendig angesehen werden, damit die Gesellschaft funktionieren kann. Daher ist es nicht verwunderlich, dass Bestrafungen als folgerichtige und „natürliche" Konsequenz dafür angesehen werden, dass jemand etwas „falsch" gemacht hat. Umgekehrt erscheinen Belohnungen als eine folgerichtige und ebenso „natürliche" Konsequenz von „richtigem" Verhalten. Wie oft sagen oder hören wir: „Das sind nur die Konsequenzen deines Verhaltens." Oder: „Wenn er die Konsequenzen tragen muss, wird er schon begreifen", obwohl wir in Wirklichkeit Bestrafungen meinen, die wir selbst oder jemand anders austeilen werden.

Wenn wir zwischen Bestrafungen und Konsequenzen unterscheiden, verstehen wir Konsequenzen als natürliche Folge unseres Tuns. Mit „natürlich" meinen wir, dass die Folgen dessen, was wir getan haben, unausweichlich sind: Ein Basketball, der mit einer gewissen Geschwindigkeit in einem bestimmten Winkel geworfen wird, wird den Korb von oben treffen und durch das Netz gehen. Ein empfindliches Kristallglas wird zerbrechen, wenn wir es aus einer gewissen Höhe auf den Boden fallen lassen und dieser entsprechend hart ist. Es ist keine Belohnung für den Ball, dass er im Korb landet, und es ist keine Bestrafung für das Glas, dass es zerbricht – beides sind natürliche Konsequenzen. Geben wir hingegen der Person, die den Ball geworfen hat, eine Goldmedaille, dann ist das eine Belohnung. Und packen wir den, der das Glas hat fallen lassen, beim Arm und sagen: „Sieh, was du getan hast, dafür gehst du auf dein Zimmer", dann ist das eine Bestrafung.

Wenn wir uns auf die Konsequenzen konzentrieren, nachdem jemand ein Glas hat fallen lassen, sollte das für mich etwa so klingen:

„Oje, bleib dort stehen, damit du nicht in die Scherben trittst. Ich hole den Staubsauger."

Danach würde ich dem anderen vielleicht erzählen, was ich fühle, da dieses Glas nun kaputt ist. Vielleicht macht es mir rein gar nichts aus. Aber es könnte auch sein, dass ich es traurig finde, weil ich mir wünsche, dass wir vorsichtig mit unseren gemeinsamen Besitztümern umgehen.

Schlüsselunterscheidung 30:
Der Unterschied zwischen „Schwäche" und „Verletzlichkeit"

Sind wir der Ansicht, es sei ein Zeichen von **Schwäche**, seine Gefühle zu zeigen, nehmen wir jemanden, der dies tut, als weniger kompetent wahr. Vielleicht glauben wir sogar, auf diesen Menschen weniger Rücksicht nehmen zu müssen. Es kann auch passieren, dass wir die Person auf eine Art und Weise bevormunden, die sie oder ihn hindert, selbst Verantwortung zu übernehmen. Vielleicht beginnen wir sogar, Informationen vorzuenthalten, weil wir denken, der andere sei so schwach, dass er nicht mit der Wahrheit zurechtkommen würde.

Wenn wir annehmen, es sei ein Zeichen von Stärke, seine Gefühle auszudrücken und sich **verletzlich** zu zeigen, haben wir es leichter, der betreffenden Person mit Respekt zu begegnen und ihm oder ihr zuzuhören. Ein Grund dafür, dass die Giraffe in der GFK manchmal als Symbol verwendet wird, ist gerade der lange verletzliche Hals.

Hier sprechen wir von einem Unterschied, der im Auge des Betrachters liegt. Es geht darum, wie wir Menschen wahrnehmen, die ihre Gefühle zeigen, und welche Folgen das haben kann. Manchmal hören wir Menschen sagen, dass sie nicht darüber sprechen wollen, was sie fühlen und brauchen, weil sie keine Schwäche zeigen wollen. Sie sind vielleicht so erzogen worden und haben gelernt, dass „nur Heulsusen weinen". Häufig haben diese Menschen folgende Grundeinstellungen:

- Man ist stark, wenn man seine Gefühle für sich behält und nicht mit anderen darüber spricht.
- Wer von seinen Gefühlen und Bedürfnissen erzählt, zeigt Schwäche.
- Und vielleicht glauben sie auch, man könne jemandem, der Schwäche zeigt, nicht trauen – dann jedenfalls nicht, wenn es wirklich darauf ankommt.

Wir Autorinnen sehen den Kontakt mit den eigenen Gefühlen als wertvoll an, weil wir meinen, dass die Gefühle Teil des eingebauten Signalsystems sind, das uns meldet, ob unsere Bedürfnisse erfüllt sind oder nicht. Wir alle haben ein solches eingebautes Signalsystem, auch wenn wir nach außen hin unsere Gefühle auf unterschiedliche Weise zeigen. In dem Zustand, den wir „Ehrlichkeit" nennen, sind wir uns selbst und anderen gegenüber offen, mit unseren Gefühlen und unseren Bedürfnissen. Wir sprechen über das, was unsere Gefühle weckt, und von unseren erfüllten und unerfüllten Bedürfnissen.

Reflexion

Ich kämpfte lange mit meinen eigenen Reaktionen auf Gefühlsäußerungen anderer Menschen und trug eine ziemliche Last an Vorurteilen mit mir herum. Ich dachte, „man müsse sich beherrschen" und sah Selbstbeherrschung als ein Zeichen von Kontrolle und Stärke. Gefühlsausdrücke – sogar sprudelnde Freude – erschienen mir als ein Zeichen von Schwäche. Ich kann mich nicht erinnern, dass ich überhaupt jemanden von Verletzlichkeit sprechen hörte. Dafür erinnere ich mich genau daran, dass ich als „überempfindlich" bezeichnet wurde, wenn ich einmal stärker reagierte, als die Norm es vorsah, und das auch zeigte.

Daran denke ich, während ich einen japanischen Banker in einem Fernsehstudio sitzen und – für alle sichtbar – hemmungslos weinen sehe, als ihm die Folgen einiger sogenannter „Irrtümer", die er begangen hat, klar werden. Wie unterschiedlich das sein kann: in einem Zeitalter so, im nächsten anders, in einer Kultur auf diese Weise, in einer weiteren auf eine andere Weise. Vielleicht kann der weinende Japaner dazu beitragen, dass mehr Menschen es wagen, ihre Gefühle und ihre Verletzlichkeit offen zu zeigen. Für mich ist das ein Gedanke, der ein durchgehend schönes Gefühl in mir auslöst und dafür sorgt, dass sich eine große, hoffnungsvolle Ruhe von Kopf bis Fuß in mir ausbreitet.[29]

Schlüsselunterscheidung 31:
Der Unterschied zwischen „äußerer Motivation" und „innerer Motivation"

Wenn wir uns durch Wünsche von außen steuern lassen – vielleicht um belohnt zu werden oder um Bestrafungen zu vermeiden –, sprechen wir von **äußerer Motivation**. Wir agieren in erster Linie aus dem Wunsch heraus, andere zufrieden und glücklich zu machen oder um auf kurze Sicht Privilegien zu erlangen, die dem zuteilwerden, der „mitarbeitet" und das tut, was ihm oder ihr gesagt wird.

Von **innerer Motivation** sprechen wir, wenn die treibenden Kräfte von innen heraus kommen, aus dem Wunsch, Bedürfnisse zu erfüllen – ob, wann und wie wir selbst etwas tun wollen.

Der Unterschied zwischen äußerer und innerer Motivation lässt sich auch als Unterschied zwischen innerer Befriedigung und äußeren Belohnungen beschreiben. Wenn wir von einer inneren Sehnsucht angetrieben werden, Bedürfnisse zu erfüllen, führt die Erfüllung der Bedürfnisse selbst dazu, dass wir weitermachen. Wir möchten unsere innere Motivation aufrechterhalten und das kann mehr Energie erzeugen, als wir selbst benötigen. Wir erhalten einen Überschuss, den wir weitergeben können. Wenn wir von dem Streben nach äußeren Belohnungen angetrieben werden, machen wir unser Wohlbefinden vom Gutdünken anderer abhängig. Vielleicht bekommen wir die Belohnung, nach der wir uns sehnen, vielleicht auch nicht. Häufig strengen wir uns noch ein kleines bisschen mehr an und dann noch etwas mehr, bis wir vielleicht jegliche Motivation verlieren, überhaupt etwas zu tun.

Reflexion

Ich beschäftige mich viel mit innerer und äußerer Motivation, wenn ich an die ständig neu aufflammenden Debatten über Schulnoten denke: Sollte man welche vergeben oder nicht? Da gibt es diejenigen, die meinen, dass man Kinder ohne den Ansporn eines äußeren Belohnungssystems nicht zum Lernen bewegen könne. Stillschweigend wird vorausgesetzt, dass „Kinder keine innere Motivation haben, neue Dinge zu lernen" – was meiner Meinung nach durch die gesamte menschliche Geschichte widerlegt wird. Im Gegenteil scheinen wir eine unbändige Sehnsucht danach zu haben, unsere Bedürfnisse zu befriedigen, und dazu gehört auch unsere Neugier. Meine Erfahrungen mit Kindern haben mich davon überzeugt, dass sie bereits sehr früh im Leben von dem Wunsch getrieben werden, Dinge zu erforschen. Bis hinein ins Schulalter kann „Warum?" eine der häufigsten Fragen von Kindern sein.

Aber auf dem Weg in die Erwachsenenwelt passiert etwas. Die innere Motivation wird durch äußere Triebkräfte ergänzt – und bei manchen auch ersetzt. Das können zum Beispiel Noten sein, Geld für ein gutes Zeugnis oder die Sehnsucht nach einem zukünftigen Status. Schüler wählen Fächer ab, in denen sie die Chancen auf „gute" Noten nicht allzu hoch einschätzen, egal, ob sie das Fach interessiert oder nicht. Und dieser Trend setzt sich im Arbeitsleben fort. Viele wählen ihren Lebensweg und ihre Karriere nach der Größe der Belohnungen in Form von Geld und/oder Status, wie langweilig und einengend sie ihre Arbeit auch finden. Bis hoch hinauf in unser hierarchisches System „brauchen" Menschen zusätzlich zu ihrem Gehalt weitere äußere Belohnungen in Form von Boni oder anderen Vergünstigungen, um motiviert genug zu sein, ihre Arbeit zu erledigen.

Mein Traum ist es, dass wir Schulen aufbauen, in denen die innewohnende Neugier der Kinder und ihre Sehnsucht danach, die Welt zu verstehen, ermuntert werden. Und ich wünsche mir, dass diese Neugier und Sehnsucht der Kinder die Leitlinie für alle sein wird, die in einer solchen Schule Verantwortung tragen. Damit will ich nicht sagen, dass man darauf verzichten kann, sich ein Bild über die Fähigkeiten der Kinder zu machen. Aber es könnte hierzu eine Art Bestandsaufnahme reichen, die – von der Vorschule bis zur Universität – jeweils am Beginn einer Phase in der Schullaufbahn durchgeführt wird. Das Ziel sollte sein, Wissenslücken auszumachen, die zu füllen die Pädagogen helfen könnten.

Schlüsselunterscheidung 32:
Der Unterschied zwischen „Wahlfreiheit" und „Abhängigkeit"

Wenn wir uns entscheiden, in Übereinstimmung mit unseren Bedürfnissen zu handeln, während wir gleichzeitig die volle Verantwortung für unser Tun und Fühlen übernehmen, können wir von **Wahlfreiheit** sprechen. Wir treffen unsere Entscheidungen, um Bedürfnisse zu erfüllen, und sind uns bewusst, dass wir sie häufig nicht auf eigene Faust erfüllen können, weil sie oft mit Gemeinschaft und Wechselseitigkeit zu tun haben. Wir wissen auch, dass wir unsere Bedürfnisse nicht auf Kosten anderer erfüllen können.

Ist unser Handeln von **Abhängigkeit** bestimmt, leben wir vermutlich in der Vorstellung, unsere Gefühle würden verursacht durch das, was andere tun oder sagen, und wir seien verantwortlich für die Gefühle anderer.

Um aus Wahlfreiheit heraus agieren zu können, ist es nötig, dass wir uns von der Vorstellung befreien, die Gefühle anderer Menschen zu verursachen. Etwas, das wir sagen oder tun, kann die Gefühle eines anderen wecken, aber nicht verursachen. Wahlfreiheit bedeutet nicht, dass uns andere Menschen egal sind und wir nur an uns selbst denken. Im Gegenteil: Sie führt dazu, dass wir uns entscheiden können, etwas zu tun, durch das wir uns gut fühlen – zum Beispiel zur Erfüllung der Bedürfnisse anderer beizutragen. Wahlfreiheit beinhaltet auch, dass wir frei entscheiden können, was wir wie tun, und dass wir wählen können, nichts zu tun, das nicht im Einklang mit unseren Bedürfnissen steht.

Sind wir stattdessen der Auffassung, gegenseitig für unsere Gefühle verantwortlich zu sein, zeigen wir unseren Mitmenschen gegenüber hauptsächlich zwei Verhaltensweisen: Entweder unterwerfen wir uns, weil wir glauben, wir seien verantwortlich für das, was andere fühlen. Oder wir rebellieren und weigern uns, auf die Gefühle und Bedürfnisse anderer Rücksicht zu nehmen. Wer sich unterwirft, möchte in der Regel Bestrafungen vermeiden und verleugnet außerdem jegliche Eigenverantwortung, denn schließlich „tut man ja nur das, was einem gesagt wurde". Wer hingegen rebelliert, will damit zeigen, dass jeder tun und lassen kann, was er möchte – ohne

Rücksicht auf Bedürfnisse – und dass man nicht tun muss, was andere einem sagen. Das kann als eine Art „Freiheit" empfunden werden; aber eine auf Rebellion aufbauende „Freiheit", wird von anderen Kräften angetrieben als Wahlfreiheit.

Die meisten Menschen werden schon früh im Leben darauf trainiert, zu gehorchen und sich zu unterwerfen. Viele haben sicher Ähnliches gehört, wenn Eltern oder Lehrer ihre Freude oder Sorge darüber ausdrücken, was ein Kind tut:

„Oh, wie Papa sich freut, wenn du tust, was Papa dir gesagt hat."

Oder: „Jetzt ist Mama aber wirklich traurig. Ich hatte dir doch gesagt, du sollst die Spielsachen aufräumen."

Das Kind lernt mehr oder minder konsequent, dass die Gefühle der Mutter und des Vaters davon abhängen, was das Kind tut oder unterlässt. Häufig glauben auch die Eltern selbst, dass es so ist, dass also das Kind ihre Gefühle verursacht. Dieses Prinzip ist seit Jahrtausenden kulturell verankert und in unsere Erziehung eingegangen. Darauf reagieren viele, indem sie sich unterwerfen und gehorchen; oder sie rebellieren und nehmen jede erdenkliche Chance war, zu zeigen, dass sie „frei" sind.

Je stärker zum Beispiel ein Elternteil möchte, dass das Kind gehorcht, desto mehr Gelegenheit erhält das Kind, zu rebellieren und das zu erleben, was es als „Freiheit" empfindet – eine „Freiheit", die sich grundlegend von dem unterscheidet, was wir

Autorinnen Wahlfreiheit nennen. Die „Freiheit", die wir erleben können, indem wir rebellieren, ist eher so etwas wie eine nahe Verwandte der Unterwerfung, eine andere Art von Abhängigkeit. Wenn wir zur Wahlfreiheit ermutigen, wird das dadurch erleichtert, dass die Menschen um uns herum auch eine echte Freiheit der Wahl erleben.

Reflexion

Immer wieder erstaunt es mich, wie viel ich durch den Umgang mit meinem Sohn über Kommunikation lerne. Als er drei Jahre alt war, verweigerte er das Zähneputzen, und wir versuchten, seine Zähne auf jede erdenkliche Art zu schützen. Zur gleichen Zeit verwendete er häufig das Wort „zusammen". Also sagte sein Vater eines Abends, als wir beide gerade gleichzeitig unsere Zähne bürsteten:

„Mama putzt sich die Zähne, Papa putzt sich die Zähne, Neo putzt sich die Zähne – wir sind zusammen."

Neo sah gelassen zu ihm auf und sagte:

„Mama putzt sich die Zähne, Papa putzt sich die Zähne und Neo putzt sich nicht die Zähne. Wir sind trotzdem zusammen."

Er war sich bewusst, dass er dazugehörte und gleichzeitig frei war, selbst zu entscheiden. Neo wusste einfach, dass er sich nicht unterwerfen und etwas Bestimmtes tun musste, um dazuzugehören. Wir mussten also andere Wege finden, seine Zähne zu schützen, ohne dabei mit seinem Bedürfnis nach Gemeinschaft zu spielen.

Der Unterschied zwischen Wahlfreiheit und Abhängigkeit, Unterwerfung oder Rebellion dürfte den meisten klar sein. Wir merken, dass wir das eine aus einer inneren Motivation heraus bewerkstelligen, selbst wenn wir nicht exakt diesen Ausdruck benutzen. Sobald wir gehorchen oder rebellieren, haben wir unsere Freiheit aufgegeben und erleben uns als von innen oder außen gesteuert. Unterwerfung geschieht meist aus Angst vor Bestrafung, um Scham oder Schuld zu entgehen oder weil wir nicht sehen, dass wir eine Wahl haben. Wir glauben ganz einfach, es sei unsere Pflicht, so zu handeln.

Selbst wenn wir rebellieren, ist unser Handeln gesteuert durch etwas in uns oder von außerhalb. Wir wollen zeigen, dass wir in Bezug auf die Anforderungen, die an uns gestellt werden, frei sind. Dann ist es uns wichtiger, geltende Normen zu brechen – nicht weil uns die Handlung selbst so verlockend erscheint, sondern weil wir uns als frei erleben, wenn wir uns außerhalb geltender Normen bewegen. Und doch hat diese

Freiheit Grenzen, sodass wir immer und immer wieder beweisen müssen, dass wir frei sind. Erleben wir stattdessen genuine Freiheit, liegt die Aufmerksamkeit darauf, wie sowohl meine als auch die Bedürfnisse anderer erfüllt werden können.[31]

Schlüsselunterscheidung 33:
Der Unterschied zwischen „Abhängigkeit/Unabhängigkeit" und „wechselseitiger Abhängigkeit"

Abhängigkeit: Wenn der Gedanke, wir seien abhängig, unser Handeln bestimmt, sehen wir nicht, dass wir eine Wahl haben: Wir könnten auch etwas anderes tun als das, wovon wir glauben, es würde von uns erwartet. Indem wir uns einreden, manche Menschen seien eben unter- und manche übergeordnet und die Untergeordneten seien abhängig von den Übergeordneten und deren Gutdünken, werden solche Gedanken genährt. Abhängigkeit wird mit Machtlosigkeit assoziiert.

Unabhängigkeit: Manchmal reden wir uns ein, wir seien vollkommen unabhängig von anderen. Wir rebellieren dagegen, dass einige untergeordnet und andere übergeordnet sein sollen und wollen uns selbst nicht als abhängig sehen, weder von anderen noch von der Natur. Unabhängigkeit wird damit assoziiert, selbstständig und autonom zu sein.

Wechselseitige Abhängigkeit: Wenn wir uns über unsere wechselseitige Abhängigkeit im Klaren sind, können wir leichter nachvollziehen, dass alles, was wir tun oder worauf wir verzichten, auch auf unsere Umgebung einwirken kann – auf die Menschen in unserer Nähe und auf die Natur. Die wechselseitige Abhängigkeit sorgt dafür, dass wir sowohl unsere eigenen als auch die Bedürfnisse anderer wahrnehmen und berücksichtigen wollen; freiwillig, ohne dabei an Hierarchien oder an Belohnungen und Bestrafungen zu denken, und mit der Einsicht in unsere wechselseitige Abhängigkeit von der Natur. Wir sehen, dass alle am Prozess von Geben und Nehmen teilhaben und dass unsere tiefe Verbindung zu uns zu selbst und zu anderen darauf aufbaut.

Als Heranwachsende erleben die meisten von uns eine sukzessiv größer werdende Freiheit, selbstständig zu agieren. Später ist uns möglicherweise sehr daran gelegen, diese Freiheit zu wahren, vielleicht auf Kosten der Wechselseitigkeit. Für andere kann die eigene Freiheit ein erschreckendes Erlebnis sein, weil sie auch bedeutet, dass wir Verantwortung für die Entscheidungen tragen, die wir im Leben treffen.

Sobald wir verstehen, dass wir wechselseitig aufeinander angewiesen sind, sehen wir auch, dass alles, was wir tun, von unserer Umwelt beeinflusst wird und wiederum auf unsere Umwelt wirkt. Betrachten wir uns als unabhängig, nehmen wir auf diesen Aspekt des Lebens keine Rücksicht. Und wenn wir uns als abhängig sehen, glauben wir, keine Wahl zu haben und agieren vielleicht ohne Bewusstsein dafür, welche Auswirkungen unsere Handlungen auf unsere Umgebung haben.

Reflexion

Ich habe es mir zur Gewohnheit gemacht, hin und wieder eine „stille Mahlzeit" vorzuschlagen, wenn ich bei einem Kurs bin oder längere Zeit mit anderen Menschen zusammenlebe. Nicht um Kontakt zu vermeiden, ganz im Gegenteil. In der Stille erhalte ich Kontakt zu anderen Aspekten, die für mich ebenfalls wichtig sind. Manchmal bleibe ich allein an meinem Tisch, aber meistens kommen einige Menschen dazu und setzen sich zu mir in die Stille. Diese Stunden helfen mir, eine Verbindung zur wechselseitigen Abhängigkeit herzustellen, in der ich mich befinde und die ich während dieser stillen Mahlzeiten in mir selbst feiern kann.

Ich kann zum Beispiel damit beginnen, mich umzusehen und alle anderen Menschen wahrzunehmen, die genau jetzt zusammen mit mir essen. Wir alle sind so abhängig, in dieser Minute, von dem, was andere Menschen – häufig rund um den Erdball – dazu beigetragen haben, damit wir unsere Nahrung bekommen. In Gedanken kann ich mich dem Küchenpersonal zuwenden, das mein Essen zubereitet hat, und meinen Radius dann erweitern, zu denen, die das Essen dorthin befördert haben, wo ich mich befinde. Vielleicht denke ich an den Fahrer, der über schlechte Straßen das Gemüse den ganzen Weg von Südeuropa hergefahren hat. Daran, wie er oder sie damit an meinem Wohlbefinden teilhat und wie das Geld, dass ich für mein Essen bezahle, einen kleinen Teil dazu beiträgt, dass alle diese Menschen ihre Träume verwirklichen können.

Dann wandern meine Gedanken mit großer Dankbarkeit, aber auch mit Fürsorge und Besorgnis, zu demjenigen, der die Zutaten für mein Essen angebaut hat. Ich sehe vor mir den Bauern, der hart auf dem Acker arbeitet, von morgens früh bis abends spät, Wetter und Wind trotzend. Ich stelle mir vor, wie er oder sie dafür gesorgt hat, dass die Saat in die Erde gelangt, dass sie wächst und gedeiht, wenn nötig gejätet und manchmal – unter Einsatz der eigenen Gesundheit des Bauern – gespritzt wird, um Schädlinge und Schimmelsporen daran zu hindern, die Ernte zu zerstören.

Vielleicht wandern meine Gedanken weiter zu der Person, die in einer Fabrik stand und die Pfefferkörner verpackt hat, die dann gemahlen wurden, um mein Essen schmackhaft zu machen. Und ich denke an diejenigen, die die Teeblätter für meine Tasse Tee gepflückt haben, die das sonnengetrocknete Meersalz zusammengekratzt haben, oder an denjenigen, der in einem heißen Stahlwerk stand und das Metall geschmolzen hat, aus dem die Gabel ist, die ich nun in der Hand halte. So kann ein „ganz gewöhnlicher, einfacher Teller Essen" – außer nahrhaft und lecker – für mich zu einer Reise um die Welt werden und mich unglaublich stark daran erinnern, wie sehr wir wechselseitig abhängig sind, voneinander und von der Natur.

Schlüsselunterscheidung 34: Der Unterschied zwischen „Wertschätzung" und „Anerkennung"

Wertschätzung ist unserer Meinung nach eine Art zu feiern, was eine Person gesagt oder getan hat, um Bedürfnisse zu erfüllen. Dies geschieht, indem man der Person sagt, wie sie einen Beitrag geleistet hat. Zur Wertschätzung in der GFK gehören eine Beobachtung, ein „schönes" Gefühl und ein erfülltes Bedürfnis. Meist ist sie sowohl für den, der Wertschätzung erhält, als auch für den, der sie gibt, sehr zufriedenstellend.

Anerkennung, Lob und Komplimente sind eine Form von Belohnungen, die auf dem Gedanken basieren, es gäbe ein Richtig und Falsch, Gut und Schlecht, Normal oder Unnormal. Diese Belohnungen beinhalten Urteile und können ein – häufig zehrendes – Bedürfnis bestärken, von anderen gemocht zu werden. So können sie dazu beitragen, dass Menschen ihren eigenen Willen gewaltsam unterdrücken, um den anderer zu erfüllen.

Ein entscheidender Unterschied zwischen Wertschätzung und Anerkennung in ihren unterschiedlichen Formen ist die Intention, mit der sie gegeben werden. Wenn wir Wertschätzung äußern, möchten wir feiern, dass Bedürfnisse erfüllt wurden, und uns darüber mit der Person freuen, die dazu beigetragen hat. Wir erzählen dem anderen, wie er unser Leben bereichert hat und wie sich das für uns anfühlt.

Die Absicht hinter Komplimenten und Lob kann sein, den anderen dazu zu bringen, die für uns nützliche Handlung zu wiederholen oder sich auf andere Art um unsere Liebe und unsere Anerkennung zu bemühen. Wir beurteilen, ob der andere gut, normal, fleißig oder perfekt ist – wir beschreiben, wie der andere „ist". Lob oder Anerkennung basieren auf unserer eigenen Auffassung darüber, wie man „richtig" handeln sollte, und wir maßen uns an, als Richter aufzutreten. Selbst wenn das – wie in diesem Falle – positiv gemeint ist, ist es dennoch eine Beurteilung auf der Basis der Kategorien Richtig und Falsch.

Reflexion

Viele Menschen scheinen es sich zur Aufgabe gemacht zu haben, das Selbstvertrauen anderer aufzubauen, indem sie ihnen sagen, wie tüchtig, toll, begabt oder liebenswert sie sind. Das Risiko dieser Art von Beurteilungen durch andere ist, dass man – statt Akzeptanz, Liebe oder Respekt für sich selbst zu fühlen – mehr oder weniger abhängig von der Anerkennung wird, um sich gut zu fühlen. Vielleicht beginnt man an sich selbst die Forderung zu stellen, diesen Beurteilungen stets gerecht zu werden: Man fordert von sich selbst, immer „clever", „nett" oder „intelligent" zu sein. Anforderungen, die schnell überfordern und vielleicht zu Selbstverachtung führen, wenn man sie nicht erfüllt.

Ich selbst bin – wie mir nun im Nachhinein klar wird – an Menschen geraten, die mich mit Lob überschüttet haben. Sie lobten mich für meine Geschicklichkeit in diesem oder jenem. Das wirkte wie eine Strategie, um mich dazu zu bewegen, es beim nächsten Mal noch ein bisschen besser zu machen, noch ein wenig mehr zu tun. Und ich strengte mich an, was meinerseits eine Strategie war, gesehen zu werden, Gemeinschaft zu erfahren oder geliebt zu werden. „Du bist doch so gut darin, kannst du nicht morgen Abend vorbeikommen und es für mich erledigen?" Monat um Monat, Jahr um Jahr, bis die Beurteilungen nicht mal mehr positiv waren, sondern eher so klangen:

„Hättest du das nicht bereits gestern erledigen sollen? Ich dachte, wir seien uns darüber einig gewesen, dass du dich darum kümmerst. Und jetzt hast du es einfach nicht gemacht? Auf dich kann man sich wirklich nicht verlassen!"

So verwandelt sich das, was zu Beginn vielleicht als Anerkennung – wenn auch bewertend – gemeint war, in Forderungen und missglückte Kontaktversuche. Ich stelle mir vor, wie anders es gewesen wäre, wenn ich Wertschätzung in Form von Freude erfahren hätte – Freude in Form von Bedürfnissen, die durch mein Handeln befriedigt wurden oder erfüllt werden können. Das hätte die andere Person etwa so ausdrücken können:

„Weißt du, es ist so toll, dass du weißt, wie man richtig tapeziert. Ich habe die Tapete gesehen, die du bei Peter angebracht hast, und bekam sofort Lust, auch bei mir zu Hause ein wenig umzudekorieren. Am besten rechtzeitig zu meinem Geburtstag. Aber der Gedanke, fremde Handwerker zu engagieren, behagt mir gar nicht. Es ist so viel leichter, alles zu organisieren, wenn ich es zusammen mit dir machen könnte. Daher frage ich mich, ob du vielleicht Lust hast, vorbeizukommen und mir mit den Tapeten zu helfen?"

Das könnte ein Versuch sein, mich mit Schmeichelei zu manipulieren, und richtig sicher kann ich nicht sein, welche Intention der andere verfolgt, bevor ich nicht sehe, wie er oder sie auf ein Nein meinerseits reagiert. Selbst wenn der andere sowohl Gefühle als auch Bedürfnisse äußert, ist das keine Garantie für „echte Wertschätzung". Ich kann das prüfen, indem ich sage:

„Ich höre, dass es dein Vorhaben erleichtern würde, wenn ich vor deinem Geburtstag vorbeikäme, um dir beim Tapezieren zu helfen, und dass du das Ergebnis meiner Arbeit bei Peter wertschätzt. Nur habe ich im kommenden Monat bereits andere Dinge vor. Daher frage ich mich, wie es für dich ist, das zu hören?"

Wenn ich dann zur Antwort bekomme:

„Das ist vollkommen okay, ich möchte nur, dass du weißt, wie sehr es mir gefallen hat, was du bei Peter geschafft hast. Ich habe ja auch nächstes Jahr wieder Geburtstag, vielleicht komme ich dann noch einmal darauf zurück."

Dann kann ich mich sicher fühlen, dass die Wertschätzung ehrlich gemeint ist, und mich darüber freuen, dass ich mit meinem Können zur Bedürfniserfüllung anderer beitragen kann, sofern ich mich freiwillig entscheide, es einzusetzen.

Schlüsselunterscheidung 35:
Der Unterschied zwischen „Stimulus" und „Ursache"

Wenn wir in der GFK über Gefühle sprechen, ist es hilfreich, zwischen dem zu unterscheiden, was das Gefühl stimuliert, und dem, was das Gefühl verursacht.

Stimuli sind etwas, das wir beobachten. Wir hören jemanden etwas sagen oder sehen jemanden etwas tun, was unsere Gefühle „triggert" und uns damit an Bedürfnisse erinnert, die erfüllt oder unerfüllt sind. Unsere Gedanken und manchmal auch das, was wir unsere „innere Stimme" nennen, können ebenfalls als Stimuli fungieren.

Ursache sind unsere Bedürfnisse. In der GFK forschen wir nach der Ursache unserer Gefühle in den universellen Bedürfnissen, die wir mit allen anderen Menschen und teilweise sogar mit allen Lebewesen teilen. Was wir fühlen, hängt davon ab, ob unsere Bedürfnisse erfüllt sind oder nicht und wie wir uns zu dieser Tatsache verhalten. Es erscheint uns ratsam, den Unterschied zwischen Stimulus und Ursache noch genauer zu betrachten. Stimuli können manchmal zu einer richtigen Herausforderung für uns werden. Aber meistens helfen sie uns, die Ursache zu „lokalisieren", das zugrunde liegende Bedürfnis zu finden, sodass wir entsprechend handeln können, um es zu erfüllen, statt den Überbringer der Nachricht zu bestrafen. Stimuli sind eine Art Reiz, der auf unsere Sinne wirkt – das Licht, das auf unsere Sehnerven trifft, oder die Schallwelle, die die Hörnerven stimuliert.

In der GFK verdeutlichen wir diesen Unterschied, indem wir das, was jemand sagt oder tut (das, was wir beobachten), als Stimulus beschreiben. Unsere Reaktion auf diese Beobachtung ist abhängig von unseren Bedürfnissen oder wird durch sie verursacht. Wenn der Stimulus eine zischende Schlange ist, reagieren wir vielleicht mit Angst, verursacht durch unser Bedürfnis nach Schutz und Sicherheit; oder aber mit Erstaunen über die Wunder der Natur. Und wenn der Stimulus das Trällern aus der Nachbarwohnung ist, können wir mit Frustration reagieren, verursacht durch unser Bedürfnis nach Ruhe, Entspannung und Harmonie. Aber unsere Reaktion auf exakt den gleichen Stimulus könnte auch Freude sein, hervorgerufen durch unser Bedürfnis zu feiern und uns zu freuen.

Das Verhalten anderer kann Stimulus für unsere Reaktionen sein, aber unsere Bedürfnisse sind die Ursache. Das erklärt auch, warum ein und derselbe Stimulus in diametral entgegengesetzten Reaktionen resultieren kann – nicht nur bei verschiedenen Menschen, sondern sogar bei ein und derselben Person. Sind Bedürfnisse erfüllt, reagieren wir so, sind sie nicht befriedigt, reagieren wir anders.

In der GFK sprechen wir zuweilen von den „inneren Wölfen" und meinen damit unsere innere Stimme oder unsere Gedanken. Am häufigsten sind das Beurteilungen, Zuschreibungen, Sollen und Müssen. Diese „inneren Wölfe" können ebenso wie Stimmen von außen als Stimuli fungieren. Wir denken, jemand sei rücksichtslos, und das stimuliert unsere Wut, die wiederum ihre Ursache darin hat, dass wir ein in diesem Moment unerfülltes Bedürfnis haben, etwa nach Fürsorge.

Sobald wir die „inneren Wölfe" in Gefühle und Bedürfnisse übersetzen, pflegt die Wut sich in Sorge oder Unruhe zu verwandeln, verursacht durch Bedürfnisse. Und wenn wir das Ganze so sehen, ist es vielleicht eher eine philosophische Frage, ob der Gedanke, der zur Wut führte, ein Stimulus oder eine Ursache ist. Hier begnügen wir uns damit, darauf hinzuweisen, dass es einen Zusammenhang gibt.

Reflexion

Meine Freundin Eva – sie ist Krankenschwester – wurde gefragt, ob sie die Kaffeerunde der kommenden Woche organisieren wolle, und war sehr froh darüber. Sie arbeitete als Vertretung und war neu in diesem Job. Es fiel ihr schwer, sich als Teil der Gruppe zu fühlen. Daher dankte sie dem Fragesteller und sagte, sie fühle sich wahrgenommen und dass es sich anfühle wie eine Einladung, Teil der Gemeinschaft zu werden.

Eine andere Freundin, Sara, besuchte mich und erzählte voller Frust von einer ganz ähnlich gelagerten Situation. Sie war auch neu an ihrer Arbeitsstelle und wurde dasselbe gefragt wie Eva. Sie ist Ärztin, und als ich ihren aufgewühlten Gefühlen eine Weile gelauscht hatte, wurde deutlich, dass ihr Bedürfnis, gesehen und wahrgenommen zu werden, – im Gegensatz zu Evas – nicht erfüllt worden war:

„Die anderen sollten doch wissen, wie viel ich zu tun habe! Und sie sollten kapieren, wie es ist, neu im Job zu sein und so viel Verantwortung für Dinge zu tragen, von denen man noch kaum weiß, wie sie funktionieren! Muss man denen denn alles erklären?"

Ich hörte Sara sagen, dass die anderen „kapieren sollten" und sah den Zusammenhang zwischen ihren Gedanken und ihrer Aufregung. Eva und Sara waren in fast der gleichen Situation. Eva war froh, Sara frustriert. Eva wollte gesehen und in die Gruppe integriert werden, Sara wollte gesehen werden und erwartete Respekt, weil es so anstrengend ist, neu zu sein. Beide hatten das gleiche Bedürfnis danach, wahrgenommen zu werden, und dennoch waren ihre Reaktionen so unterschiedlich. Das lag daran, wie sie über die Situation dachten und welche Bedürfnisse in ihnen in diesem Moment am lebendigsten waren. Der Stimulus war der gleiche:

„Möchtest du kommende Woche die Kaffeerunde organisieren?"

Stellen Sie sich vor, Sie kämen zu einer Feier und Niklas – den Sie kennen – sieht Sie hineinkommen, zieht eine Grimasse, dreht sich um und verschwindet in die entgegengesetzte Richtung. Was fühlen Sie? Naja, das hängt natürlich von Ihren Gedanken ab, von Ihrer Vorstellung, was in Niklas vorgehen könnte, und davon, welche Bedürfnisse Sie durch das Treffen mit ihm eventuell zu erfüllen gehofft hatten. Wenn Sie sich darauf gefreut haben, Niklas zu treffen, und hofften, er würde sich ebenso freuen, dann fühlen Sie sich vielleicht ängstlich, enttäuscht oder traurig. Wenn Sie ihm wegen eines Vorfalls, der sich in den vergangenen Tagen ereignet hat, absolut nicht begegnen wollen, sind Sie möglicherweise erleichtert, weil auch er anscheinend keinen Kontakt mit Ihnen haben will. Also hat nicht Niklas Verhalten selbst – die Grimasse und das Abwenden – Macht über Ihre Gefühle. Es stimuliert Gefühle in Ihnen, die wiederum in Zusammenhang mit Ihren Gedanken stehen und von Ihren Bedürfnissen verursacht werden.

Einer meiner Freunde erzählte folgende Geschichte, die – wie ich finde – den Unterschied zwischen Stimulus und Ursache sehr gut verdeutlicht:

> „Mein Vater und ich kommunizieren nur per Handy. Zeitweise habe ich den Kontakt zu ihm ganz abgebrochen, weil er mir so, wie er war, nicht gefallen hat. Ich war vor allem genervt, weil er mich zu den unmöglichsten Zeiten angerufen hat. Meist meldete er sich, wenn er Alkohol getrunken hatte – und dann entweder früh morgens gegen sechs, bevor er einschlief, oder um zwei Uhr in der Nacht, wenn er das Bedürfnis hatte zu reden. Vor einigen Jahren hatte meine Freundin einen Unfall und versuchte, mich in der Nacht vom Krankenhaus aus auf dem Handy anzurufen. Ich ging aber nicht ran, weil ich schlief und das Handy lautlos gestellt hatte, nachdem mein Vater mich einige Nächte in Folge geweckt hatte. Schon vorher war meine Wut darüber, dass er nicht akzeptierte, dass ich zu bestimmten Zeiten nicht angerufen werden möchte, groß gewesen. Nach diesem Vorfall wuchs sie noch. Ich fand es respektlos, egoistisch und einen klaren Beweis dafür, dass ich ihm eigentlich egal war.
>
> Die Zeit verging und plötzlich war es drei Wochen her, dass wir zuletzt gesprochen hatten. In den Tagen zuvor hatte ich ihn einige Male angerufen, aber sein

Handy war aus. Meine Sorge, ihm könne etwas Ernstes passiert sein, stieg. Ich befürchtete, jeden Moment könne sich die Polizei melden und sagen, sie hätten ihn tot aufgefunden. Und dann wurde ich eines Nachts um drei vom Klingeln meines Telefons geweckt und auf dem Display stand „Papa". Dieses Mal wurde ich nicht wütend, sondern war einfach nur erleichtert und froh. Das machte mir deutlich, dass nicht der Zeitpunkt seiner Anrufe meinen Ärger verursachte, sondern alle meine Gedanken darüber, warum er das tat. Die Entscheidung meines Vaters, mich spät nachts oder früh am Morgen anzurufen, hatte diese Gedanken und meinen Ärger nur stimuliert. Ich erkannte, dass meine Bedürfnisse nach Ruhe, Respekt und Fürsorge die zugrunde liegende Ursache meiner Gefühle waren. Als ich das nächste Mal mit meinem Vater telefonierte, war es – dank der Tatsache, dass ich diesen Unterschied erkannt hatte – leichter für mich, mit ihm darüber zu sprechen."

Schlüsselunterscheidung 36:
Der Unterschied zwischen „Kompromiss" und „Wandel"

Wenn wir **Kompromisse machen,** konzentrieren wir uns darauf, eine Lösung zu finden, indem wir prüfen, was jeder bereit ist aufzugeben, um auch etwas zu bekommen. Kompromisse können als ein Feilschen zwischen zum Teil unterschiedlich starken Parteien angesehen werden. Auch wenn Kompromisse manchmal funktionieren, können sie ebenso dazu führen, dass niemand mit dem Ergebnis wirklich zufrieden ist.

Um einen **Wandel**[32] zu erreichen, richten wir unser Augenmerk auf die Bedürfnisse aller Beteiligten, bevor wir versuchen, eine Lösung zu finden, in die alle diese Bedürfnisse eingeflossen sind. Wir sind zuversichtlich, dass die Menschen zusammenarbeiten, wenn sie erleben, dass sie es freiwillig tun können und nicht dazu gezwungen werden. Derselbe Wandel geschieht, wenn die Beteiligten sehen, dass sie ihre ursprünglichen Strategien loslassen können, um stattdessen etwas zu tun, das sowohl die eigenen Bedürfnisse als auch die der anderen berücksichtigt und bei dem beide Parteien mit der alternativen Strategie zufrieden sind.

Wenn wir nachspüren, welche Bedürfnisse hinter den Wünschen der anderen liegen, kann ein Wandel in uns bereits dadurch entstehen, dass uns klar wird, wie sehr wir den anderen unterstützen können, wenn wir „Ja" zu etwas sagen, um das er oder sie bittet. Und manchmal müssen beide Parteien sich ausdrücken können und die gegenseitigen Bedürfnisse hören, damit sich ein Wandel vollziehen kann. Mit den Bedürfnissen beider Parteien „auf dem Tisch" ist es meist leicht, eine Strategie zu finden, die so viele der vorgestellten Bedürfnisse berücksichtigt wie möglich.

Reflexion

Ein Freund, mit dem ich eine Weile nicht zu tun gehabt hatte, fragte mich, ob wir zusammen einen Kaffee trinken gehen sollten. Ich war müde und hatte wirklich ein Bedürfnis danach, mich auszuruhen, daher zögerte ich. Weil ich eine Zeit lang sehr intensiv erlebt hatte, wie Ehrlichkeit und Empathie die Dinge verändern können, äußerte ich, was ich gern wollte. Gleichzeitig war ich offen dafür, dass sich das verändern könnte, wenn ich mehr darüber erfuhr, warum es ihm wichtig war, etwas mit mir zu unternehmen. Als ich hörte, wie bedeutsam es für ihn war, in diesem Moment Gemeinschaft zu erleben, kam ich mit meinem Wunsch in Kontakt, etwas zur Erfüllung dieses Bedürfnisses beizutragen. Das gab mir die Energie, von der ich geglaubt hatte, nur Ruhe könne sie mir wiedergeben. Nun war es leicht, mich für das Kaffeetrinken statt fürs Ausruhen zu entscheiden, weil deutlich geworden war, inwiefern die Unternehmung sowohl mich als auch ihn bei der Erfüllung unserer Bedürfnisse unterstützen würde.

Diese Art des Wandels unterscheidet sich von einem Kompromiss, bei dem ich etwas aufgebe oder mich bereit erkläre, etwas zu tun, was der andere gern hätte, obwohl ich es selbst nicht möchte. Ich tue es aber unter der Voraussetzung, dass der andere im Gegenzug bereit ist, etwas Ähnliches für mich zu tun. Frei nach dem Motto: Eine Hand wäscht die andere.

Der Wandel, den ich oben beschreibe, entsteht durch die Verbindung mit den Bedürfnissen beider Parteien und aus dem genuinen Wunsch, das Leben zu bereichern. Ein solcher Wandel zwingt niemanden, klein beizugeben oder sich gegen seinen Willen zu etwas bereit zu erklären. Während des Treffens mit meinem Freund dachte ich nicht, ich sei trotz meiner Müdigkeit „angetreten" oder dass er nun in irgendeiner Weise in meiner Schuld stand. Ich kam mit und trank mit meinem Freund Kaffee, weil es mein Bedürfnis erfüllte, etwas beizutragen und einen wichtigen Moment mit jemandem zu teilen, der mir viel bedeutet. Ein solcher Wandel bringt keine versteckten „Kosten" mit sich, die uns dann hinterrücks angelastet werden, wenn wir am wenigsten damit rechnen. Stattdessen wird die Verbindung zwischen den Parteien gestärkt, indem sie über Gefühle und Bedürfnisse sprechen und so einen Wandel hervorrufen.

Eine Freundin berichtete, wie sie und ihr ehemaliger Lebensgefährte so gut wie jedes Wochenende in die gleiche verzwickte Situation gerieten:

„Ich wollte, dass wir ein ruhiges Wochenende zusammen hatten und Zeit zu zweit verbrachten. Er wollte, dass wir Freitag und Samstag ausgingen und mit Freunden feierten. Um keinen riesigen Krach heraufzubeschwören, schlossen wir einen Kompromiss, indem wir an einem Abend ausgingen und am anderen zu Hause blieben. Wir fühlten uns beide nicht wohl damit, das zu tun, was der andere gerne wollte. An dem Tag, an dem wir tun mussten, worauf wir tief in unserem Inneren gar keine Lust hatten, fühlten wir einen gewissen Widerstand. Was wir auch taten, einer von uns war immer unzufrieden oder sogar schlecht gelaunt. Und wie du weißt, trennten wir uns schließlich. Hätten wir stattdessen gegenseitig auf unsere Gefühle und Bedürfnisse gehört und entsprechend unsere Wochenendaktivitäten geplant, hätte sich sicherlich in uns beiden ein Wandel vollzogen. Wir hätten nicht länger einen faulen Kompromiss gesucht, sondern vielleicht eine dritte Alternative gefunden, die sowohl seine als auch meine Bedürfnisse erfüllt hätte. Und vielleicht hätte ich mich freiwillig dafür entschieden, an einem Abend auszugehen und zu feiern, wenn ich verstanden hätte, welche wertvollen Bedürfnisse sich hinter den Strategien meines Freundes verbargen. Und vielleicht hätte er sich entschieden, zu Hause zu bleiben, wenn er meine gesehen hätte."

Schlüsselunterscheidung 37:
Der Unterschied zwischen „etwas tun, das uns mit dem Leben verbindet" und „etwas tun, das uns vom Leben trennt"

„Wir wollen nicht aus Gefühlen der Schuld, der Scham, der Ohnmacht, der Furcht, der Verpflichtung oder der Pflicht heraus ‚geben'."

Marshall Rosenberg[33]

Mit dem Ausdruck **uns mit dem Leben verbinden** meinen wir, uns auf universelle Bedürfnisse zu konzentrieren, wenn wir kommunizieren und handeln. Wir möchten empathisch zuhören und uns ehrlich äußern. In Kontakt mit anderen – mit Menschen und allen anderen Wesen der Schöpfung – wollen wir im Bewusstsein der Bedürfnisse aller Lebewesen handeln. Energie für unser Tun ziehen wir aus der Sehnsucht, Bedürfnisse zu erfüllen.

Wenn wir davon sprechen, dass **uns etwas vom Leben trennt,** meinen wir Handlungen, die wir ausführen, weil wir uns selbst sagen, dass man nun mal „muss" oder „soll". Wir handeln, um das „Richtige" zu tun oder um zu vermeiden, etwas zu tun, das als „falsch" angesehen wird. Wenn wir unser Augenmerk auf solche Beurteilungen legen oder auf Belohnungen, die wir durch unser Verhalten zu verdienen glauben, ist das Risiko groß, dass wir uns vom Leben trennen. Vielleicht agieren wir vollkommen ohne Verständnis dafür, welche Konsequenzen das, was wir tun oder sagen, haben kann. Unsere Energie kommt dann aus der Sehnsucht, „rechtschaffen zu sein", oder aus dem Wunsch, Bestrafungen zu vermeiden.

Wir sind uns nicht immer bewusst, ob unsere Handlungen uns mit dem Leben verbinden oder ob sie uns schlichtweg vom Leben abschneiden. Vieles von dem, was wir tun – ohne dass wir darüber nachdenken –, gehört zur Kategorie des Lebensdienlichen. Ziemlich viel lässt sich aber leider der Art zuordnen, die uns vom Leben trennt. Die Handlungen selbst können von außen betrachtet identisch erscheinen; der Unterschied ist vor allem, warum wir tun, was wir tun. Egal ob wir von äußeren oder inneren Kräften angetrieben werden: Zentral ist der Wille, Bedürfnisse zu erfüllen. Das gilt für eigene Bedürfnisse wie auch für die anderer. Handeln wir, ohne Verbindung zu unseren Bedürfnissen, werden wir womöglich lebensdienliche Aktivitäten einstellen, sobald keine äußeren Belohnungen mehr versprochen oder Strafen angedroht werden. Wie viele von uns haben auf der Laufbahn, dem Fußballplatz oder der Skipiste gekämpft, um gute Noten zu bekommen oder einen Wettkampf zu gewinnen, um dann ganz und gar aufzuhören, als es keine äußeren Belohnungen mehr gab?

Reflexion

Die Volkssage vom Hirtenjungen und dem Wolf ist sehr bekannt und war früher sogar Schulstoff. Die Lehrer erzählten sie als warnendes Beispiel, was passieren konnte, wenn man „um Hilfe rief", ohne diese tatsächlich zu benötigen.

Einem jungen Schafhirten, der den ganzen Tag lang die Herde bewachte, wurde es langweilig. Er hatte eine Idee, um sich ein wenig Abwechslung und Gesellschaft zu verschaffen:

„Ein Wolf! Ein Wolf!", rief er, so laut er nur konnte.

Daraufhin kamen ihm mehrere Dorfbewohner zu Hilfe, nur um festzustellen, dass er sie hereingelegt hatte. Der Junge lachte und fand das einen gelungenen Scherz. Am nächsten Tag tat er dasselbe, er rief: „Ein Wolf! Ein Wolf!"

Wieder kamen die Dorfbewohner gelaufen und der Junge lachte. Aber am dritten Tag kam wirklich ein Wolf. „Ein Wolf! Ein Wolf!", rief der Junge, aber niemand kam, um ihm dabei zu helfen, die Schafe zu beschützen.

Es ist oft nicht leicht, weiterhin zuzuhören, wenn jemand die gleichen leeren Drohungen oder mehr oder minder deutliche Hilferufe immer wieder äußert. Als ich ein Kind war, drohte meine Mutter oft, sie würde ihre Taschen packen und uns verlassen, und am Schluss hörte niemand mehr hin. Ihre Art zu kommunizieren, dass sie sich mehr Unterstützung und Liebe wünschte, sorgte dafür, dass die Erfüllung immer unwahrscheinlicher wurde. Ich weiß, dass ich selbst begann, mich von ihr zu entfernen, und vermutlich ging es dem Rest der Familie genauso. Wir reagierten auf ihre „Hilferufe" wie die Dorfbewohner auf die des Hütejungen: Wir hörten auf hinzuhören. Wären wir in der Lage gewesen, auf eine mit dem Leben verbindende Art zu lauschen, hätten wir etwas genauer hinhören können: auf ihre Bedürfnisse. Wir hätten darauf achtgeben können, wonach sie sich sehnte und was sie mit ihren wiederkehrenden Drohungen auszudrücken versuchte. Wären ihr andere Wege bewusst gewesen, eine Verbindung herzustellen und Unterstützung bei der Erfüllung ihrer Bedürfnisse zu erhalten, hätte sie sich entscheiden können, sich auf andere Art auszudrücken.

Schlüsselunterscheidung 38:
Der Unterschied zwischen „fordern" und „beständig an etwas festhalten"

Wenn wir **fordern**, dass unsere Bedürfnisse erfüllt werden, nehmen wir keine Rücksicht darauf, dass auch andere selbstständig entscheiden möchten. Wer fordert, der will, dass etwas Bestimmtes passiert – ohne Rücksicht darauf, wie sich das auf andere auswirkt.

Halten wir beständig an unseren Bedürfnissen fest, tun wir das, ohne denjenigen, der Nein zu unserem Wunsch sagt, irgendwie zu bestrafen. Stattdessen führen wir den Dialog fort, bis die Bedürfnisse aller berücksichtigt sind.

Reflexion

Tindra, drei Jahre alt, und ihr Papa besuchten zusammen die Oma und den Opa. Hinterher beschrieb der Vater die Ereignisse als das schönste, lebendigste Beispiel dafür, an seinen Bedürfnissen und Wünschen festzuhalten, ohne etwas zu fordern. Zwei ältere Kusinen von Tindra hatten mit dem Großvater in sein Atelier gehen dürfen, um zuzusehen, wie er malte. Tindra war unglaublich neugierig darauf, was sie dort taten, aber gleichzeitig etwas ängstlich. Also zog sie ihren Papa am Hosenbein, weil sie wollte, dass er mit ihr ins Atelier ging. Der stand jedoch mit Tindras Oma, seiner Mutter, zusammen und redete. Er war noch keineswegs bereit, das Gespräch abzubrechen, also wiederholte Tindra wieder und wieder, dass sie zu den Kusinen wollte. Der Vater antwortete, er wolle nicht. Mehr als einmal und mit mehr und mehr Nachdruck: „NEIN, ICH WILL JETZT ABER NICHT." Tindra aber gab nicht nach und schließlich erinnerte sich der Vater daran, was er über Gefühle und Bedürfnisse in Dialogen gelernt hatte – selbst wenn der Gesprächspartner „nur" ein Kind war. Er hatte jemanden über eine ähnliche Situation ungefähr Folgendes sagen hören:

„Sprich darüber, was du tun möchtest und warum, statt zu sagen, was du nicht willst. Oder versuche zu verstehen, warum sie möchte, dass du mitkommst, vielleicht beeinflusst das deine Entscheidung."

Also wandte er sich Tindra mit den Worten zu:

„Du, Tindra, ich nehme an, du möchtest, dass wir zusammen zu Opa gehen und dass du neugierig bist, was er und deine Kusinen machen. Aber ich möchte hierbleiben und mit Oma reden."

Da ging Tindra zur Treppe, die zum Atelier des Großvaters führte und rief nach ihrer Kusine, so laut sie nur konnte:

„Ich will mit euch mitkommen und sehen, was ihr tut!"

Für mich ist die Erzählung des Vaters ein herrliches Beispiel dafür, wie wir an unseren Wünschen festhalten können, ohne zu fordern, dass jemand anders etwas tun soll. Tindras Bedürfnis nach Gemeinschaft wurde erfüllt und ihr Vater konnte das Gespräch mit seiner Mutter fortsetzen. Ich sehe häufig, dass Menschen ihre Bedürfnisse und Wünsche aufgeben, wenn sie auf ein „Nein" stoßen. Und ebenso häufig sehe ich, dass Menschen versuchen Forderungen zu stellen. Das Resultat ist jeweils, dass nur die Bedürfnisse einer Partei Beachtung finden – im Gegensatz zum Beispiel von Tindra und ihrem Vater.

Oft denke ich an eine Situation zurück, in der ich nicht für meine Bedürfnisse eingestanden bin und die ich noch immer sehr betraure. Dabei ging es um die Beziehung zu jemandem, der große Bedeutung für mich hatte. Seine Freundin war eifersüchtig und bat mich, den Kontakt zu ihm abzubrechen. Weil ich mich unbehaglich bei dem Gedanken fühlte, als egoistisch oder aufdringlich bezeichnet zu werden, erklärte ich mich einverstanden. Mit dem Wissen, wie ich mich durch dieses „Ja" fühlte und welch tragisches Ende die Sache nahm, wünschte ich, ich hätte etwa Folgendes gesagt:

„Unser Kontakt ist so wichtig für mich, dass ich ihn gerne weiterhin treffen möchte. Gleichzeitig höre ich, dass du das nicht möchtest, und ich vermute, du möchtest damit die Erfüllung wichtiger Bedürfnisse sicherstellen. Können wir gemeinsam darüber nachdenken, wie wir auf eine Weise weitermachen können, die für uns beide funktioniert?"

Wir hatten fast ein Jahr lang keinen Kontakt mehr gehabt, als ich erfuhr, dass die Beziehung der beiden zerbrochen war und dass mein Freund sich das Leben genommen hatte. Durch die Trauer wurde mir mehr als deutlich, wie wichtig es für mich gewesen wäre, an meinem Bedürfnis nach Kontakt – nach irgendeiner Art von Kontakt – festzuhalten, und dass ich das hätte tun können, ohne zu fordern. Ich hätte zumindest deutlich zeigen können, dass ich für ihn da sein möchte. Vielleicht hätte das einen Unterschied gemacht.

Schlüsselunterscheidung 39:
Der Unterschied zwischen „Liebe als Gefühl" und „Liebe als Bedürfnis"

Das Wort „Liebe" wird sowohl für die Beschreibung von Gefühlen als auch für die Beschreibung von Bedürfnissen verwendet. Sich dieses Unterschieds bewusst zu sein und deutlich zu machen, in welchem Sinne wir das Wort verwenden, kann zu einer klaren Kommunikation beitragen.

Wenn wir von **Liebe als einem Gefühl** sprechen, benutzen wir das Wort für Gefühlszustände wie: glücklich, froh, begeistert oder überwältigt. Und wie andere Gefühle auch können sie schnell wechseln. Sie sind Signale, die uns sagen, dass in diesem Moment eines oder mehrere unserer Bedürfnisse erfüllt sind. Zwei Minuten später kann sich das schon wieder anders anfühlen.

Sprechen wir über **Liebe als ein Bedürfnis,** ist das etwas Universelles und Beständiges. Alle Menschen haben die gleichen angeborenen Bedürfnisse, und Liebe ist eines davon. Das Bedürfnis nach Liebe assoziieren wir oft mit anderen Bedürfnissen wie Nähe, Vertrauen, Zugehörigkeit, Akzeptanz, Respekt, emotionale Sicherheit und Fürsorge.

Wenn von Liebe die Rede ist, pflegt Marshall Rosenberg die Frage „Bist du in mich verliebt?" mit „Wann denn?" zu beantworten. Damit will er verdeutlichen, dass es einen Unterschied macht, ob man das Wort Liebe als Beschreibung für ein Gefühl oder für ein Bedürfnis verwendet. Ist der Fragende daran interessiert, was der andere fühlt, kann die Antwort von einem Augenblick zum nächsten variieren. Sprudelndes Glück kann sich mit tiefstem Kummer abwechseln.

Reflexion

Ja, was meinen wir, wenn wir über Liebe sprechen und darüber, zu lieben? Wenn ich jemanden frage, ob er oder sie mich liebt, reicht dann ein Ja oder ein Nein, um meine Frage zu beantworten? Antwortet mein Partner: „Ja, natürlich liebe ich dich", was habe ich dann eigentlich erfahren? Wenn ich wissen möchte, was er oder sie – zumindest im Moment – in Bezug auf mich fühlt und welche Bedürfnisse erfüllt werden, könnte ich ja auch genau danach fragen. Aber das tun wir selten – vielleicht aus Angst vor der Antwort. Vielleicht aber auch deshalb nicht, weil wir nicht darüber nachgedacht haben, dass es die Verbindung vertiefen könnte, wenn wir wirklich die augenblicklichen Bedürfnisse „auf den Tisch brächten".

Im Musical „Anatevka" fragt Tevje seine Frau Golde: „Ist es Liebe?" Sie sieht ihn etwas verwundert an, wiederholt die Frage und antwortet, dass sie fünf Töchter im heiratsfähigen Alter hätten, dass es Unruhen in der Stadt gäbe – und er frage sie, ob sie ihn liebe?? Er müsse ja krank sein und solle sich hinlegen und ausruhen. Aber Tevje insistiert und fragt erneut: „Aber ist es Liebe?" Golde antwortet:

> *Seit fünfundzwanzig Jahr'n versorg' ich dich,*
> *koch' und putz' Tag für Tag.*
> *Gab dir fünf Töchter, melk' die Kuh.*
> *Nach fünfundzwanzig Jahr'n lass' mich doch damit in Ruh'!*
> *(...)*
> *Seit fünfundzwanzig Jahren leb' ich mit ihm,*
> *streit mit ihm, litt mit ihm.*
> *Und auch sein Bett war immer mein,*
> *das muss ja Liebe sein!*
> *(...)*
> *Ja, ich glaube schon.*
> *Das is' mein allerschönster Lohn.*
> *Es wusste keiner recht, ob's Liebe war.*
> *Doch nach fünfundzwanzig Jahren*
> *wird's einem klar!*

Einer Erzählung zufolge fragte eine Frau auf die gleiche Art wie Tevje: „Liebst du mich?", und die Antwort lautete der Überlieferung zufolge:

„Ja, das sagte ich doch, als wir geheiratet haben, und sollte sich daran etwas ändern, werde ich Bescheid geben."

Ich bin bei dieser Antwort etwas zwiegespalten, sehe aber, dass etwas Schönes darin liegen kann, sich auf diese Weise zu verhalten. Das Schöne – wie ich es sehe – liegt in dem Vertrauen, dass es schon eine Art von Liebe ist, wenn man die Beziehung aufrechterhält. Liebe wird dann zu etwas, das man „lebt", statt etwas, über das man nur spricht.

Selbst wenn es schön ist, eine Liebesbekundung zu hören und sich versichert zu fühlen, wertschätzen wir doch auch das Tun selbst – dass der andere noch immer da ist – und nehmen es als ein Zeichen dafür, dass sein oder ihr Bedürfnis nach Liebe erfüllt ist. Wenn diese Bedürfnisse nicht erfüllt sind, werden die Partner womöglich bald getrennte Wege gehen. Oder sie beginnen gemeinsam, die Bedürfnisse ernst zu nehmen und finden neue Strategien, denn das Streben nach Bedürfniserfüllung ist für uns alle eine starke Triebkraft.

Schlüsselunterscheidung 40:
Der Unterschied zwischen „natürlich" und „gewohnheitsmäßig"

Wir sprechen davon, dass etwas **natürlich** ist, um Naturgesetze zu beschreiben, oder etwas, das angeboren ist – etwa die Verbindung zu unseren Bedürfnissen.

Davon, dass etwas **gewohnheitsmäßig** ist, sprechen wir dann, wenn wir uns auf etwas Gelerntes beziehen. Dabei geht es um unsere Sprache, wie wir uns ausdrücken, wie wir denken, welchen Normen und kulturellen Mustern wir folgen. Manchmal bezeichnen wir das scherzhaft als „die Marinade, in der wir schwimmen", um zu illustrieren, dass Gewohnheiten uns leicht so selbstverständlich vorkommen können wie die Luft, die wir atmen. Vielleicht fahren wir fort, in unserer Marinade zu schwimmen, ohne zu bemerken, dass es um unser kleines Einmachglas herum ein großes weites Meer voll mit natürlichem Salzwasser gibt. Da das Gewohnte antrainiert ist, können wir uns entscheiden, es zu verändern.

Wenn wir gewohnheitsmäßig agieren, nennen wir das, was wir tun, oft „natürlich". Viele Ausdrücke, die wir verwenden, tragen dazu bei, uns irrezuführen. Wir hören zum Beispiel jemanden sagen: „Es ist doch total natürlich, dass man sauer wird, wenn jemand behauptet, man wäre dick." Oder: „Das ist doch ganz natürlich, dass der Vater arbeitet und die Mutter zu Hause bleibt, um sich um das Haus und die Kinder zu kümmern."

Aber so einfach ist es nicht. Was in einer Kultur als „natürlich" angesehen wird, kann in einer anderen als vollkommen „unnatürlich" erscheinen. Wir lernen, dass es eine „richtige Art" gibt, wie man sich verhält, und akzeptieren das, weil wir vielleicht einfach nur eine begrenzte Anzahl von Spielarten kennengelernt haben, wie Menschen aussehen, wie sie miteinander umgehen und wie sie miteinander sprechen. Und so entscheiden wir uns, das als natürlich zu bezeichnen, was wir wiedererkennen. Oft handelt es sich dabei jedoch um Gewohnheitsmäßiges. Es kann unser Leben einfacher machen, wenn wir nach den geltenden Sitten und Bräuchen handeln – dem, was in unserer Kultur als „normal und natürlich" empfunden wird. Einen großen Teil unseres Verhaltens sehen wir als „gute Gewohnheiten" an und diese können wirklich eine Stütze für uns sein, weil sie automatisiert sind. Aber wenn wir glauben, das Gewohnheitsmäßige sei natürlich, wird es uns zum Beispiel schwerer fallen, mit Gewohnheiten zu brechen, die wir uns zugelegt haben. Es ist leicht, sich einzureden, etwas, das man tut, sei natürlich; so hat man eine Ausrede dafür, warum man nichts verändert. Kulturell bedingte, gewohnheitsmäßige Handlungen, die wir als „natürlich" und „normal" bezeichnen, sind schwer zu verändern oder zu durchbrechen.

Unsere Gefühle, zum Beispiel Hunger, sind natürlich und zu essen ist eine natürliche Folge davon. Was ich tue, wenn ich Hunger verspüre, und was ich esse ist jedoch von Gewohnheiten abhängig. In unserer Kultur gehen wir möglicherweise zum Kühlschrank oder rufen den Pizzalieferdienst an; in einer anderen Kultur bittet man jemanden, einem Huhn den Kopf abzuschlagen. Unsere Sehnsucht, zum Beispiel nach Freiheit, ist wie der Hunger und andere Bedürfnisse etwas, mit dem wir geboren wurden – und um sie zu schützen, sind wir zu vielem bereit. Aber was wir tun, um uns frei zu fühlen, kann entweder natürlich oder gewohnheitsmäßig oder beides sein. Einige nehmen vielleicht einen Drink, andere gehen spazieren. Ein Dritter lässt sich scheiden, ein Vierter geht mit seinen besten Freunden auf Weltreise. Und ein anderer möchte vielleicht die gleiche Fernsehsendung sehen wie die Spielkameraden in der Kita.

Reflexion

Eine ganze Zeit lang wollte mein damals vierjähriger Sohn unbedingt „Pokémon" sehen. Pokémon ist das japanische Wort für kleine Monster, die in eine Tasche passen. Geschichten über diese Monster gibt es als Zeichentrickfilm im Fernsehen. Ich sah mir eine Folge an und stellte fest, dass sie zahlreiche Schlägereien, Sarkasmus und andere Arten von Gewalt enthielt. Es beunruhigte mich, wie stark der Fokus dieser „Kindersendung" darauf gerichtet war, die richtige Angriffsmethode zu verwenden und die Attacken anderer siegreich zu kontern. Natürlich waren es immer die „Guten", die gewannen. Typische Auswirkungen der „Marinade", in der wir schwimmen.

Als mein Sohn das nächste Mal fragte, ob er „Pokémon" sehen dürfe, nutzte ich meine Macht, die ich als Erwachsene habe, und griff ein, um ihn zu schützen:

„Nein, ich möchte, dass du dir etwas anderes ansiehst. Diese Sendung schalte ich nicht für dich ein."

Seine Enttäuschung war groß und wir sprachen darüber, ohne irgendeine Lösung zu finden. Er begann zu jammern, dass er „Pokémon" sehen wolle, mit dem Argument, „die anderen in der Kita dürfen das auch". Er drohte sogar, von zu Hause auszuziehen. Aber eines Tages – ich weiß nicht, was sich in ihm verändert hatte – sagte er nur ganz ruhig:

„Mama, was brauchst du, damit ich Pokémon sehen darf?"

Er schien sich bewusst geworden zu sein, dass es etwas gab, das für mein Nein verantwortlich war, und dass ich etwas brauchte, um Ja sagen zu können. Wir hatten ein fantastisches Gespräch darüber, in dem mir nicht von Anfang an klar war, was ich benötigte. Ich wusste, dass ich ihn davor schützen wollte, mehr Gewalt ausgesetzt zu sein als unbedingt nötig. Ich wusste auch, dass mein Nein nicht als Bestrafung gedacht war. Aber was brauchte ich eigentlich? Ja, ich hatte ein Bedürfnis nach Zutrauen. Zutrauen dazu, dass ich selbst tue, woran ich glaube, und dass ich auf eine Weise lebe, die mit dem übereinstimmt, was ich wertschätze. Es war mir wichtig, ihn im Fernsehen nur Dinge sehen zu lassen, mit denen er auf eine Weise umgehen konnte, die weder für ihn noch für andere schädlich war. Also erzählte ich ihm, wie wichtig es für mich ist, Zutrauen zu empfinden und zu beschützen. Dann fragte ich, wie es für ihn wäre, wenn wir uns zusammen eine Folge ansähen, um dann darüber zu sprechen, welche seiner Bedürfnisse damit befriedigt wurden und was er glaubte, welche Bedürfnisse die verschiedenen Pokémon-Figuren erfüllten.

Das schien ihm recht zu sein, aber nach fünf Minuten kam er wieder und fragte: „Aber Mama, was sind Bedürfnisse?" Da musste ich ihm vermitteln, was ich unter Bedürfnissen verstehe, und das war nicht leicht. Obwohl ich das Wort „Bedürfnis" seit zehn Jahren in meinen Kursen und Büchern verwende, musste ich wirklich nachdenken: „Was ist es eigentlich, was wir Bedürfnis nennen?" Ich kam zu dem Schluss, dass es unsere angeborenen, natürlichen Triebkräfte sind, die dafür sorgen sollen, dass wir gesund bleiben und als Individuen und als Art überleben. Sie sind Ausdruck des Lebens für den Wunsch weiterzuleben, und daher bekommen wir ständig Signale – in Form von Gefühlen –, die uns etwas über unsere Bedürfnisse mitteilen. Und diese Bedürfnisse sind das Natürlichste auf der Welt. Als ich das auf eine Weise erklärte, die ein Vierjähriger verstehen kann, lachte er. Und während er fortlief, um zu spielen, hörte ich ihn sagen, dass Pokémon gar keine Bedürfnisse haben. Seitdem hat er nicht mehr nach dieser Serie gefragt.

Schlüsselunterscheidung 41:
Der Unterschied zwischen „leisten" und „erschaffen"

Wenn wir etwas **leisten**, suchen wir Bestätigung von außen – dass wir etwas richtig machen, dass wir tüchtig sind, dass wir etwas tun, was anderen gefällt, und dass wir etwas „taugen". Wir hören auf Beurteilungen von außen und auf unseren inneren „Kritiker". Häufig geht es darum, uns mit anderen oder mit unseren eigenen früheren Leistungen zu vergleichen.

Beim **Erschaffen** sind wir uns bewusst, dass wir Bedürfnisse erfüllen wollen. Dabei kann es sich um alles Mögliche handeln, angefangen beim Bedürfnis nach Kreativität bis hin zu Lebenslust und der Verwirklichung unserer Träume. Es kann auch darum gehen, etwas klarzustellen oder zu verdeutlichen, sodass wir mit unseren gewonnenen Erkenntnissen uns selbst und andere unterstützen können. Im Schaffensprozess erfüllen wir diese Bedürfnisse und unsere eigene Zufriedenheit ist die Bekräftigung, nach der wir streben. Viele sagen, es mache ihnen Spaß, etwas zu erschaffen.

Reflexion

Mir ist dieser Unterschied im Nachhinein sehr anschaulich geworden, als ich an mein eigenes Studium zurückdachte. Vor langer Zeit fühlte ich mich von einem Lehrer am Gymnasium ungerecht behandelt. Ich entschied mich, „dem Mistkerl zu beweisen, dass ich es kann" und schrieb mich an der Universität für das Fach ein, das er unterrichtet hatte. Nach vielen Sorgen und Kummer, Prüfungen und Wiederholungsprüfungen und einer dadurch wachsenden Furcht gelang es mir – ohne jegliche Freude – zu bestehen.

Etliche Jahre später nahm ich mein Studium wieder auf, weil ich mich aus verschiedenen Gründen für die ökonomischen Antriebskräfte in unserer Gesellschaft zu interessieren begonnen hatte: „Wie kommt es, dass passiert, was passiert? Alle reden von Gerechtigkeit und sagen, jeder Mensch sei gleich viel wert und dass wir die Umwelt schützen sollten – und dennoch sind die Ressourcen auf der Erde so ungleich verteilt."

Aus meinem Inneren kam ein unglaublich starkes Verlangen zu verstehen und Fähigkeiten aus verschiedenen Bereichen auf kreative Weise zu kombinieren, um in den Erkenntnissen, die Forscher und andere „Denker" bisher zutage gefördert hatten, eine Basis zu finden. Sie sollte mir das Gefühl geben, sicher und fest verankert zu stehen. Ich wollte Zusammenhänge finden und unter die Lupe nehmen.

Als ich nun nach Fähigkeiten strebte, um meine Bedürfnisse zu erfüllen, war das Studium ganz leicht, die Prüfungsangst wie weggeblasen und das Schreiben von Hausarbeiten das reinste Vergnügen. Ich freute mich auf die Vorlesungen und liebte es, meine Ergebnisse vor anderen zu referieren. Die Erkenntnis, welchen Unterschied es macht, ob man lernt, um nach außen zu glänzen oder um Bedürfnisse zu erfüllen, nutzte ich später, indem ich als Lehrerin nach einer mehr problemorientierten Methode strebte. Wenn es möglich war, durften die Schüler selbst Fragestellungen benennen, die sie interessierten. Mit meiner Unterstützung erarbeiteten sie sich dann das nötige Wissen, um, wenn schon nicht die Lösung, so zumindest einen Zugang zur Fragestellung aus unterschiedlichen Perspektiven zu finden.

Schlüsselunterscheidung 42:
Der Unterschied zwischen „offenen Fragen" und „geschlossenen Fragen"

Von **offenen Fragen** sprechen wir, wenn wir etwas erfahren wollen und glauben, der andere könne uns Auskunft darüber geben. Dabei kann es um Fakten und Informationen gehen, aber auch darum, dass wir gern verstehen möchten, was in einem anderen Menschen vor sich geht.

Mit **geschlossenen Fragen** meinen wir solche, bei denen wir als Fragesteller bereits eine Idee von dem haben, wonach wir fragen. Häufig ist die Frage so formuliert, dass der Antwortende nur noch „Ja" oder „Nein" sagen muss.

Egal worum es sich dreht – wenn wir Fragen stellen, können wir die Antworten schon allein dadurch beeinflussen, wie wir die Frage stellen und wen wir fragen. Das ist ein Phänomen, das alle kennen, die sich mit Meinungsumfragen und Zeugenpsychologie auseinandersetzen. Wenn uns klar ist, wie wir unsere Fragen stellen und wie stark sich das auf die Antworten auswirken kann, können wir bewusster entscheiden, wie wir mit anderen Menschen umgehen wollen.

In der GFK benutzen wir sowohl offene als auch geschlossene Fragen. Unabhängig vom Fragentyp wollen wir immer eine Verbindung zu dem herzustellen, was im Befragten vorgeht.

Geschlossene Fragen verwenden wir in der GFK, wenn wir klären wollen, was wir in Bezug auf die Bedürfnisse und Gefühle eines anderen verstanden haben oder was wir vermuten. Wir fragen, um uns Klarheit darüber zu verschaffen, welche Gefühle und Bedürfnisse im Befragten gerade am lebendigsten sind. Der Vorteil dieses Fragentyps ist, dass er uns helfen kann, das Gespräch bei den Gefühlen und Bedürfnissen zu halten. Eine geschlossene Frage mit Vermutungen über Gefühle und Bedürfnisse eines anderen kann so klingen:

„Ist es so, dass du wahnsinnig traurig bist, weil die Verbindung zwischen euch so wichtig für dich ist?"

Lautet die Antwort „Ja", wurde unsere Ahnung bestätigt, aber es ist nicht sicher, dass wir mehr darüber erfahren, was in unserem Gegenüber vorgeht. Im schlimmsten Fall haben wir damit nicht zu einer tieferen Verbindung beigetragen. Wenn wir mehr geschlossene Fragen und Vermutungen folgen lassen, kann diese Art zu fragen zu einem emphatischen Zuhören führen. Würden wir in diesem Fall offene Fragen stellen, könnte das dazu beitragen, dass die befragte Person beginnt, von ihren Gefühlen zu sprechen. Vielleicht spricht er oder sie dann darüber, was andere falsch gemacht haben, und käut die Geschichte ohne Fortschritt wieder und wieder oder versteift sich auf Gedanken, die noch weiter von einer Lösung oder Erleichterung wegführen.

In der GFK formulieren wir unsere **offenen Fragen** so, dass sie die Gefühle und Bedürfnisse beinhalten, die wir selbst durch die Frage erfüllen möchten. Dass wir überhaupt eine Frage stellen, ist an sich schon eine Steuerung und der Vorteil offener Fragen ist der, dass sie die Steuerung minimieren und der andere freier antworten kann. Außerdem erfahren wir durch offene Fragen wahrscheinlich mehr über die derzeitigen Gefühle des anderen. Das wiederum macht es uns leichter zu erraten, welche unerfüllten Bedürfnisse der andere gerade hat. Vielleicht sagen wir:

„Ich fühle mich etwas besorgt und möchte gern mehr verstehen. Magst du erzählen, was gerade in dir vorgeht, wenn du daran denkst, dass er ausgezogen ist?"

Die offene Frage gibt dem anderen die Chance, mit eigenen Worten zu erzählen, welche Gefühle, Gedanken und vielleicht Bedürfnisse sich gerade in ihm oder ihr rühren. Wir können empathisch zuhören, still oder indem wir raten, was der andere braucht. Wenn die Frage auf eine Art beantwortet wird, die keine Bedürfnisse offenbart – sondern vielmehr davon handelt, die Fehler eines Dritten hervorzuheben –, können wir die Fragestellung immer in eine geschlossene Frage überführen und so den Fokus auf die Gefühle und Bedürfnisse des anderen lenken.

- Indem wir geschlossene Fragen stellen (auf Bedürfnisse gerichtet) können wir die gleiche Art von Verbindung herstellen wie mit offenen Fragen.
- Ganz offene Fragen des Typs „Wie geht es dir?" oder „Wie steht's?" betrachten wir Autorinnen zunehmend als reine Grußformeln, weil sie selten weiter führen als zu Antworten wie: „Gut, und selbst?"

Reflexion

Als junge Journalistin bei einem lokalen Radiosender in den 1960er-Jahren machte ich einmal eine Reportage in einer Form, die damals vollkommen neu und fast revolutionär war. Ich ging hinaus in die Straßen der Stadt und befragte Passanten. Das Thema war Politikerschelte. Also machte ich mich fröhlich auf, das Mikrofon fest in der Hand, und stellte den nichts Böses ahnenden Bürgern folgende Frage:

„Finden Sie es richtig, dass unsere Abgeordneten im Opernkeller sitzen und auf Kosten des Steuerzahlers Suffragetten verspeisen?"

Alle, die ich fragte, antworteten mit Nein. Manche fanden das vollkommen falsch. Einige wurden wütend und ließen ihrer Verachtung freien Lauf. Andere wägten etwas mehr ab, aber fanden es dennoch falsch. Sollte ich die Antworten analysieren, die ich damals bekam, könnte ich dazu nur sagen, dass ich keine Ahnung habe, welche Meinung die Befragten wirklich hatten. Sie können gewusst haben, dass „Suffragette" die Bezeichnung von Kämpferinnen für das Frauenstimmrecht in England war, und darum geantwortet haben, es sei falsch, diese zu verspeisen. Oder sie antworteten mit Nein, weil sie der Meinung waren, unsere gemeinsamen Ressourcen sollten für anderes ausgegeben werden als für die Verpflegung von Abgeordneten. Es hätte sogar sein können, dass sie Nein sagten, weil sie fanden, Abgeordnete sollten in noch teureren Restaurants essen als im Opernkeller. Dies war nicht nur eine geschlossene Frage, sie war auch hinterlistig formuliert und gesteuert. Aber auf diese Art stellen wir häufig unsere Fragen. Je mehr wir darauf aufmerksam werden, wie wichtig unsere Art der Fragestellung für eine tiefe Verbindung sein kann, desto leichter wird es uns fallen, bewusste Entscheidungen zu treffen – wenn wir fragen und auch wenn wir antworten.

Dass das Sprichwort „Wie man in den Wald hineinruft, so schallt es heraus" eine ernste Seite hat, wurde auch in einem Experiment mehr als deutlich: Versuchspersonen sahen eine kurze Filmsequenz, in der zwei Autos einen Unfall hatten.[34] Hinterher wurde die eine Hälfte der Zuschauer gefragt:

„Wie schnell fuhren die Autos, als sie **zusammenprallten**?"

Aus den Antworten ergab sich eine durchschnittliche Geschwindigkeit von 68 km/h und die Versuchspersonen gaben außerdem an, zerberstendes Glas gesehen zu haben.

Die andere Hälfte wurde gefragt:

„Wie schnell fuhren die Autos, als sie sich **berührten**?"

In dieser Gruppe wurde die Geschwindigkeit im Durchschnitt auf 51 km/h geschätzt und man hatte kein splitterndes Glas gesehen.

Auch in einer scheinbar offenen Frage kann es also reichen, einzelne Wörter auszutauschen, um eine vollkommen andere Antwort zu bekommen.

Gruppenübungen, um Schlüsselunterscheidungen zu erforschen

ÜBUNG

Zweck: Das Verständnis für Schlüsselunterscheidungen in der GFK schärfen. Üben zusammenzuarbeiten, um mehr Klarheit zu schaffen.

Schritt 1: Bilden Sie kleinere Gruppen zu je drei bis fünf Personen.

Schritt 2: Jeder Einzelne wählt eine Schlüsselunterscheidung, die er oder sie beschreiben möchte. Wenn Sie die Übung etwas schwieriger gestalten wollen, können Sie auch gegenseitig Schlüsselunterscheidungen füreinander auswählen. Am Ende des Buches finden Sie eine Liste mit den Schlüsselunterscheidungen, die Sie kopieren oder abschreiben und ausschneiden können, sodass sie die Paare auf Zetteln haben. Losen Sie dann aus.

Schritt 3:

A. Sie haben eine Minute (eine Person stoppt die Zeit), um Ihr Verständnis „Ihrer" Schlüsselunterscheidung zu erläutern. Beginnen Sie mit „Der Unterschied zwischen X und Y ist, dass ...". Alternativ können Sie festlegen, dass alle ihre Schlüsselunterscheidung mit ein bis drei Sätzen oder einer bestimmten Höchstzahl an Worten zu beschreiben versuchen.

B. Wenn Ihre Minute vorbei ist, übernimmt die nächste Person und fährt mit der Beschreibung derselben Schlüsselunterscheidung fort, bis alle Personen in der Gruppe gesagt haben, was sie unter dieser Schlüsselunterscheidung verstehen.

Sobald Sie mit der ersten Schlüsselunterscheidung fertig sind, gehen Sie ebenso mit der Unterscheidung vor, die die nächste Person ausgesucht oder gezogen hat. So fahren Sie fort, bis Sie mit allen gewählten oder ausgelosten Unterscheidungen fertig sind.

Variante:

Schritt 1: Wie oben.

Schritt 2: Wie oben.

Schritt 3:

A. Person X (jemand aus der Gruppe) opponiert gegen die Schlüsselunterscheidung, die ein anderes Gruppenmitglied (Y) gewählt oder gezogen hat. X sagt etwa: „Ich verstehe überhaupt nicht, warum es so wichtig sein soll, zwischen Bedürfnis und Strategie zu unterscheiden."

Bedenken Sie dabei, dass X den Gegenpart spielt, aber nicht aufgeregt ist oder akuten Schmerz empfindet und deshalb Empathie benötigt. In dieser Übung besteht für X die Aufgabe lediglich darin, die Schlüsselunterscheidung intellektuell infrage zu stellen, und für Y, sie intellektuell zu erklären. Das bedeutet nicht, dass X sich leicht überzeugen lassen soll, aber auch nicht, dass der Dialog sich in eine Übung verwandelt, wie man aufgeregten Personen mit Empathie begegnet.

B. Person Y ist derjenige, der sich im Erklären übt. Wenn Y damit beginnen will, Person X empathisch zuzuhören, tut er oder sie das nur mit einer kurzen Vermutung, welche Bedürfnisse gerade in X lebendig sind. Danach erzählt Y stattdessen, wie er oder sie die betreffende Schlüsselunterscheidung versteht. Vielleicht begrenzen Sie auch hier die Zeit. Üben Sie, einen Dialog mit einer skeptischen Person zu führen und Klarheit in Bezug auf eine bestimmte Schlüsselunterscheidung herzustellen. Sie können mit ein bis zwei Minuten beginnen und dann für ein Beispiel, das besonders bedeutsam erscheint, vielleicht zehn Minuten Zeit geben.

ÜBUNG

Begegnen Sie einem neugierigen Skeptiker

Zweck: Erforschen, wie Schlüsselunterscheidungen im Kontakt mit anderen so angewendet werden können, dass sowohl die Verbindung aufrechterhalten als auch Klarheit geschaffen wird. Auf eventuelle Rechtfertigungs- und Erklärungsmuster aufmerksam werden.

Variante für allein Übende:

Wählen Sie einen der unten stehenden Sätze und eine Schlüsselunterscheidung, die Sie anwenden möchten, aus der Liste auf S. 152 f. Schreiben Sie dann eine Antwort an denjenigen, der den Satz äußert. Vielleicht wollen Sie auch aufschreiben, was er oder sie erwidert, und einen Dialog daraus entwickeln. Schreiben Sie so viele Antworten, wie Sie wollen.

Variante für Gruppen:

Schritt 1: Bilden Sie Gruppen von drei bis fünf Personen.

Schritt 2: Jemand übernimmt die Rolle von Person A und liest einen der unten stehenden Sätze vor, als würde dieser Satz sich an eine oder mehrere Personen aus der Gruppe richten. Eine Person kann alle Aussagen vorlesen oder Sie wechseln sich innerhalb der Gruppe ab. Stellen Sie sich vor, A wäre daran interessiert zu verstehen, wie sich die Prinzipien der GFK auf seinen oder ihren Satz anwenden lassen. A ist vielleicht skeptisch oder stellt bestimmte Dinge infrage, er oder sie ist aber nicht aufgebracht, sondern einfach neugierig.

Die Gruppen bekommen einige Minuten, um eine oder mehrere Schlüsselunterscheidungen auszuwählen, über die sie in einem Gespräch mit A Klarheit schaffen möchten.

Schritt 3: Lassen Sie alle Gruppen erzählen, welche Schlüsselunterscheidung/en ihrer Meinung nach A Klarheit und Verständnis vermitteln könnte/n.

Schritt 4: Lassen Sie eine oder einige Gruppen auf As Frage oder Behauptung antworten.

Variante:

In Schritt 4 beginnen Sie mit einer „empathischen Vermutung" (siehe Schlüsselunterscheidung 16 auf S. 60), um Verbindung aufzunehmen mit dem, was sich hinter As Frage oder Behauptung verbirgt. Erinnern Sie sich aber daran, dass es bei dieser Übung nicht in erster Linie darum geht, empathisch zuzuhören.

Sätze:

Formulieren Sie auch gern eigene Sätze, die zu hören herausfordernd sein kann und von denen Sie glauben, sie seien mithilfe von Schlüsselunterscheidungen leichter zu untersuchen.

1. Wenn ich vermute, was jemand fühlt und braucht, dann stelle ich die ganze Zeit Behauptungen auf. Ich bin verwirrt, ich dachte, es ginge eigentlich darum, nicht zu bewerten.
2. Warum fragen wir nicht einfach, was jemand fühlt und braucht? Dann müssen wir uns nicht mit Fantasien aufhalten.
3. Wenn mich jemand anschreit, werde ich ängstlich. Wenn mich niemand anschreit, reagiere ich nicht so. Also ist es natürlich das Schreien, das meine Angst verursacht.
4. Als Chef kann ich nicht immer nur Bitten äußern. Manchmal muss man den Leuten einfach sagen, was sie zu tun haben.
5. Wenn ich sage „Ich fühle mich manipuliert!", beschreibt das sehr deutlich, was in mir vorgeht – viel besser als irgendeines der Worte von einer Gefühlsliste.

6. Ich empfinde diese vier Komponenten als umständlich und einengend. So kann ich nicht mit meinen Freunden reden.

7. Warum sollten Autoritäten etwas Schlechtes sein? Ich mag es, wenn jemand die Verantwortung übernimmt und sagt, wo es langgeht.

8. Wenn ich immer nur Bitten äußere, wird niemand tun, worum ich bitte. Dazu muss man Forderungen stellen.

9. Wenn ich all das über Selbstempathie höre, wird mir schlecht. Ich kann es nicht leisten, mich ständig selbst zu bemitleiden. Ich würde viel lieber demjenigen die Meinung sagen, der meinen Schmerz verursacht hat.

10. Man wird dich wie einen Fußabtreter behandeln, wenn du immer nur zuhörst. Du musst den Leuten manchmal die Meinung sagen.

Liste der Schlüsselunterscheidungen

Nr. 1 Der Unterschied zwischen „Beobachtungen" und „Bewertungen"

Nr. 2 Der Unterschied zwischen „Gedanken" und „Gefühlen"

Nr. 3 Der Unterschied zwischen „Bedürfnissen" und „Strategien"

Nr. 4 Der Unterschied zwischen „vagen Bitten" und „klaren, machbaren Bitten"

Nr. 5 Der Unterschied zwischen einer „Bitte um das, was man will" und einer „Bitte um das, was man nicht will"

Nr. 6 Der Unterschied zwischen „Bitten" und „Forderungen"

Nr. 7 Der Unterschied zwischen „klassisch Giraffisch" und „umgangssprachlich Giraffisch"

Nr. 8 Der Unterschied zwischen „Giraffe sein" und „sich wie eine Giraffe verhalten"

Nr. 9 Der Unterschied zwischen „Ehrlichkeit der Giraffe" und „Ehrlichkeit des Wolfes"

Nr. 10 Der Unterschied zwischen „Giraffenschrei" und „Wolfsschrei"

Nr. 11 Der Unterschied zwischen „Nein sagen als Wolf" und „Nein sagen als Giraffe"

Nr. 12 Der Unterschied zwischen „sich giraffisch entschuldigen" und „sich wölfisch entschuldigen"

Nr. 13 Der Unterschied zwischen „mit Fokus auf den Inhalt zuhören" und „mit Fokus auf den Prozess zuhören"

Nr. 14 Der Unterschied zwischen „Empathie mit Fokus auf Bedürfnissen" und „Empathie mit Fokus auf unerfüllten Bedürfnissen"

Nr. 15 Der Unterschied zwischen „behaupten" und „vermuten"

Nr. 16 Der Unterschied zwischen „intellektuell vermuten" und „empathisch vermuten"

Nr. 17 Der Unterschied zwischen „Sympathie" und „Empathie"

Nr. 18 Der Unterschied zwischen „Ratschlägen" und „Empathie"

Nr. 19 Der Unterschied zwischen „empathisch zuhören" und „trösten"

Nr. 20 Der Unterschied zwischen „trauern" und „aufgeben"

Nr. 21 Der Unterschied zwischen „Selbstempathie" und „sich in Gefühlen suhlen"

Nr. 22 Der Unterschied zwischen „Selbstempathie" und „seine Gefühle ausagieren"

Nr. 23 Der Unterschied zwischen „dominanzorientierten Systemen" und „bedürfnisorientierten Systemen"

Nr. 24 Der Unterschied zwischen „Macht mit Menschen" und „Macht über Menschen"

Nr. 25 Der Unterschied zwischen „Angst vor Autoritäten" und „Respekt vor Autoritäten"

Nr. 26 Der Unterschied zwischen „Gehorsam" und „Selbstdisziplin"

Nr. 27 Der Unterschied zwischen „beschützender Machtausübung" und „bestrafender Machtausübung"

Nr. 28 Der Unterschied zwischen „moralischen Urteilen" und „Bewertungen auf der Basis von Bedürfnissen"

Nr. 29 Der Unterschied zwischen „Bestrafungen" und „Konsequenzen"

Nr. 30 Der Unterschied zwischen „Schwäche" und „Verletzlichkeit"

Nr. 31 Der Unterschied zwischen „äußerer Motivation" und „innerer Motivation"

Nr. 32 Der Unterschied zwischen „Wahlfreiheit" und „Abhängigkeit"

Nr. 33 Der Unterschied zwischen „Abhängigkeit/Unabhängigkeit" und „wechselseitiger Abhängigkeit"

Nr. 34 Der Unterschied zwischen „Wertschätzung" und „Anerkennung"

Nr. 35 Der Unterschied zwischen „Stimulus" und „Ursache"

Nr. 36 Der Unterschied zwischen „Kompromiss" und „Wandel"

Nr. 37 Der Unterschied zwischen „etwas tun, das uns mit dem Leben verbindet" und „etwas tun, das uns vom Leben trennt"

Nr. 38 Der Unterschied zwischen „fordern" und „beständig an etwas festhalten"

Nr. 39 Der Unterschied zwischen „Liebe als Gefühl" und „Liebe als Bedürfnis"

Nr. 40 Der Unterschied zwischen „natürlich" und „gewohnheitsmäßig"

Nr. 41 Der Unterschied zwischen „leisten" und „erschaffen"

Nr. 42 Der Unterschied zwischen „offenen Fragen" und „geschlossenen Fragen"

Ihre eigenen Schlüsselunterscheidungen

In diesem Buch haben wir den Versuch unternommen, die Bedeutungsunterschiede zwischen einigen Begrifflichkeiten zu veranschaulichen, denen wir im GFK-Kontext häufig begegnen. Es war eine spannende Reise, zu erforschen, anzustoßen, tiefer zu graben und Formulierungen zu finden, von denen wir hoffen, dass sie Ihnen Klarheit vermitteln. Wir sind uns vollkommen bewusst, dass dieses Buch keinesfalls allumfassend sein kann. Stattdessen handelt es sich hier um eine Arbeit, die wir auch in unserem eigenen Interesse fortsetzen wollen, vielleicht um diesem Buch ein weiteres folgen zu lassen. Daher möchten wir Sie ermuntern, selbst ein Verzeichnis von Wörtern und Begriffen anzulegen, denen Sie in Ihrem Alltag häufig begegnen, die Sie vielleicht selbst benutzen oder die Sie von anderen hören, und das Gleiche zu tun wie wir: sie zu vergleichen und zu versuchen, den Unterschied zwischen den Begriffen zu beschreiben. Sie könnten beispielsweise damit beginnen, sich mit dem Unterschied zwischen **verdienen** und **ein Bedürfnis nach etwas haben** zu beschäftigen.

Wir würden uns freuen, wenn Sie uns Ihre eigenen Begriffe und Wortpaare mitteilen würden. Damit könnten wir vielleicht dazu beitragen, dass mehr Menschen sich über die Worte klarwerden, die sie verwenden. Das übergeordnete Ziel besteht darin, unser aller Fähigkeiten in Sachen Kommunikation zu verbessern, sodass wir gemeinsam eine Welt erschaffen können, in der die Bedürfnisse aller für jeden gleich wichtig sind.

Literaturtipps und Quellen

Eisler, Riane (2005): Kelch und Schwert. Von der Herrschaft zur Partnerschaft. Weibliches und männliches Prinzip in der Geschichte. Freiamt: Arbor Verlag.

Haidt, Jonathan (2011): Die Glückshypothese. Was uns wirklich glücklich macht. Kirchzarten: VAK.

Frankl, Viktor (1998): ... trotzdem Ja zum Leben sagen: Ein Psychologe erlebt das Konzentrationslager. München: dtv.

Kohn, Alfie (1999): Punished by rewards. The Trouble with Gold Stars, Incentive Plans, A's, Praise, and Other Bribes. Houghton Mifflin.

Larsson, Liv (2012): Wut, Schuld und Scham. Drei Seiten der gleichen Medaille. Paderborn: Junfermann.

Larsson, Liv (2011): TACK! Uppskattning, tacksamhet och lycka som livsstil. Friare Liv.

Larsson, Liv (2011): Nonviolent Communication i praktiken 2.0. En Övningsbok till Marshall Rosenbergs bok Nonviolent Communication, ett språk för livet. Friare Liv.

Larsson, Liv (2009): Begegnung fördern. Mediation in Theorie und Praxis. Paderborn: Junfermann.

Larsson, Liv (2009): Led som du lär. Kursledarskap med Nonviolent Communication. Friare Liv.

Larsson Liv (2007): Lilla känsloboken. För dig som även vill hjälpa dina barn att uttrycka vad de känner och behöver. Friare Liv.

Rosenberg, Marshall B. (2011): Erziehung, die das Leben bereichert. Gewaltfreie Kommunikation im Schulalltag. Paderborn: Junfermann.

Rosenberg, Marshall B. (2011): Gewaltfreie Kommunikation. Eine Sprache des Lebens. Paderborn: Junfermann.

Rosenberg, Marshall B. (2010): Wie ich dich lieben kann, wenn ich mich selbst liebe. Ein praktischer Ratgeber zu einer neuen Art von Beziehungen. Paderborn: Junfermann.

Rosenberg, Marshall B. (2010): Den Schmerz überwinden, der zwischen uns steht. Wie Heilung und Versöhnung gelingen. Paderborn: Junfermann.

Rosenberg, Marshall B. (2010): Das können wir klären! Wie man Konflikte friedlich und wirksam lösen kann. Paderborn: Junfermann.

Rosenberg, Marshall B. (2009): Die Sprache des Friedens sprechen – in einer konfliktreichen Welt. Paderborn: Junfermann.

Schmookler, Andrew Bard (1998): Out of Weakness. Healing the Wounds that drive us to War. Bantam Books.

Digitale/elektronische Quellen

Wineman, Steven: Power Under. Trauma and Nonviolent Change. www.traumaand-nonviolence.com . Eine deutsche Zusammenfassung findet sich unter www.visionen-undwege.de.

- www.friareliv.se: Webseite des von Liv Larsson gegründeten und geführten Verlags Friare Liv
- www.13steg.se: Webseite von Katarina Hoffmann
- www.nonviolentcommunication.com
- www.cnvc.org
- www.gewaltfrei.de

Über die Autorinnen und den Illustrator

Katarina Hoffmann kam mit der Gewaltfreien Kommunikation (GFK) zum ersten Mal 1994 in Berührung. Sie erhielt ihre GFK-Ausbildung unter anderem von Marshall Rosenberg – dem Begründer der GFK – und ist vom CNVC zertifiziert. Sie hält Kurse in GFK und begleitet Einzelne und Gruppen in ihrer persönlichen Weiterentwicklung und im Umgang mit Konflikten. Außerdem hat sie Übersetzungen von GFK-Literatur ins Schwedische fachlich und sprachlich begleitet.

Sie hat einen akademischen Hintergrund in der Verhaltensforschung und 15 Jahre lang an der Universität Linköping und der Hochschule in Jönköping Soziologie mit Schwerpunkt Information und Kommunikation gelehrt. Sie ist vor allem daran interessiert, unterschiedliche pädagogische Methoden weiterzuentwickeln – eigene und fremde –, um GFK zu vermitteln. Derzeit arbeitet sie mit einem Modell, das sie „13 Schritte, die einen Unterschied machen" nennt.

Katarina Hoffmann erreichen Sie über **www.13steg.se**

Liv Larsson hielt ihren ersten Kurs 1978. Seitdem hat sie über 30 Jahre lang gelehrt, vermittelt und versucht, nach dem zu leben, was sie lehrt. 1992 begann sie, als Beraterin und in der Ausbildung von Führungskräften zu arbeiten. Seit 1999 arbeitet sie mit der Gewaltfreien Kommunikation und ist CNVC-zertifizierte GFK-Trainerin. Sie hat ihre Kenntnisse zur GFK in Schweden, Europa und Asien an verschiedene Gruppen wie Führungskräften, UN-Mitarbeiter, Friedensarbeiter, Mitarbeiter in Kinderheimen, Mediatoren, Theatergruppen, Ärzte, Lehrer und viele andere weitergegeben.

Neben den auf Deutsch bei Junfermann erschienen Titeln „Begegnung fördern" und „Wut, Schuld und Scham" hat sie in Schweden weitere Bücher zum Thema GFK veröffentlicht. Außerdem hat sie zwei Kinderbücher über Kommunikation geschrieben.

Liv Larsson hat mehrere Bücher von Marshall Rosenberg ins Schwedische übersetzt. Sie werden im Verlag Friare Liv AB herausgegeben, den sie 1992 gegründet hat und nun zusammen mit Kay Rung führt.

„Über den Unterschied zwischen verschiedenen Schlüsselunterscheidungen nachzudenken hat mich in meiner persönlichen Entwicklung nicht selten zu einer neuen Tiefe geführt. Es hat mir auch geholfen, aktiv eine Sichtweise zu wählen und dann offen dafür zu sein, wie sich ein Gespräch entwickelt. Es hat mir geholfen, meine Werte zu leben und sie als Leitlinie in schwierigen Situationen zu nutzen."

Sie erreichen Liv Larsson über **www.friareliv.se**

Vilhelm Nilsson liebt Bilder. In Paris als Illustrator, Grafikdesigner und Fotograf ausgebildet, arbeitet er seit einem guten Jahrzehnt freiberuflich. Drei Jahre lang hat er zusammen mit Liv Larsson und Katarina Hoffmann nach Bildideen für dieses Buch gesucht. Dieser Auftrag war besonders spannend für ihn, da er Gelegenheit hatte, sich selbst herauszufordern, sowohl was den Illustrationsstil angeht als auch die Vermittlung wertvoller Ideen anhand von Bildern. Da die Haltung, auf der die GFK aufbaut, auf ganzer Linie mit seiner eigenen Lebensphilosophie übereinstimmt, war es für ihn eine Ehre, auf diese Art beitragen und Einfluss nehmen zu können.

Neben seinem Hintergrund als Kinderbuchillustrator und Gestalter einer Vielzahl von Buchcovern des Verlags Friare Liv hat er eine mehrjährige Ausbildung in GFK und Mediation. Darum kann man sagen, dass die Bilder in diesem Buch „direkt von Herzen" kommen.

Anmerkungen

1 Wenn wir schreiben „in der GFK" meinen wir den Prozess und die Haltung, die der Gewaltfreien Kommunikation zugrunde liegen.

2 Um die Begriffe zu verdeutlichen, werden in den Reflexionen eigene Erlebnisse und Erzählungen von Freunden und Bekannten wiedergegeben. Hier sind Erfahrungen von Liv Larsson und von Katarina Hoffmann eingeflossen. Das „Ich" kann also als ein eher überpersönliches, literarisches Ich verstanden werden.

3 Wir haben uns entschieden „Wolf" und „Giraffe" in Anführungszeichen zu setzen, um zu verdeutlichen, dass es sich um Metaphern handelt und nicht die Tiere selbst gemeint sind.

4 Sich über die Unterschiede verschiedener Schlüsselunterscheidungen klar zu sein ist ein Bestandteil des Zertifizierungsprozesses, den GFK-Trainer beim CNVC (Center for Nonviolent Communication) durchlaufen.

5 Weitere Informationen hierzu finden Sie in: Rosenberg, Gewaltfreie Kommunikation. Eine Sprache des Lebens , besonders in Kapitel 4.

6 Anm. d. Ü.: Im Schwedischen werden die Worte „behov" (Bedürfnis) und „behöver" (bedürfen, brauchen) verwendet. Das Schwedische „behöver" ist umgangssprachlicher als das deutsche „bedürfen" und entspricht im alltäglichen Sprachgebrauch eher dem Wort „brauchen".

7 Mehr dazu erfahren Sie in: Rosenberg (2011), Gewaltfreie Kommunikation: Eine Sprache des Lebens, besonders in den Kapiteln 5 und 6.

8 Siehe auch Schlüsselunterscheidung Nummer 6, in der es ebenfalls um Bitten geht.

9 Mehr dazu erfahren Sie in: Rosenberg (2011), Gewaltfreie Kommunikation: Eine Sprache des Lebens, besonders in den Kapiteln 5 und 6.

10 Rosenberg, Marshall B. (2011), Gewaltfreie Kommunikation: Eine Sprache des Lebens.

11 Anm. d. Ü.: Etwa 35 Euro, Stand März 2013.

12 „Ehrliche" bzw. „aufrichtige Äußerungen" sind hier immer im Sinne authentischen Selbstausdrucks zu verstehen.

13 Lesen Sie mehr über die Intention hinter der Anwendung von GFK in: Rosenberg (2011), Gewaltfreie Kommunikation: Eine Sprache des Lebens, besonders in Kapitel 1 und 2.

14 Söderberg, Hjalmar (2012), Doktor Glas, übersetzt von Verena Reichel, Manesse.

15 Anm. d. Ü.: In Schweden ist Alkohol über 3,5 % Vol. nur im staatlichen Systembolaget zu haben. Einkaufen darf man dort erst ab einem Alter von 20 Jahren, das Trinken von Alkohol ist ab 18 Jahren erlaubt.

16 Siehe Schlüsselunterscheidung 7, in der es um den Unterschied zwischen umgangssprachlichem und klassischem Giraffisch geht.

17 Anm. d. Ü.: Im schwedischen Original wird der Empathie hier die „sympati" entgegengesetzt. Der Begriff bedeutet – ebenso wie das englische „sympathy" – sowohl *Sympathie* als auch *Mitleid*.

18 Siehe auch Schlüsselunterscheidung 17.

19 Siehe auch Schlüsselunterscheidung 21.

20 Siehe auch Schlüsselunterscheidung 2.

21 Lesen Sie mehr über Empathie in: Rosenberg (2011), Gewaltfreie Kommunikation: Eine Sprache für das Leben, besonders in den Kapiteln 7 bis 9.

22 Erfahren Sie mehr über Empathie in: Rosenberg (2011), Gewaltfreie Kommunikation: Eine Sprache des Lebens, besonders in den Kapiteln 7–9.

23 Lesen Sie mehr über Selbstempathie in: Rosenberg (2011), Gewaltfreie Kommunikation: Eine Sprache des Lebens, besonders in den Kapiteln 9 und 12.

24 Vergleichen Sie auch die Schlüsselunterscheidung 25.

25 Wineman, Steven (2003): Power-Under: Trauma and Nonviolent Social Change, kostenloser Download unter www.traumaandnonviolence.com/. Eine deutsche Zusammenfassung findet sich unter www.visionenundwege.de.

26 Rosenberg, Marshall B. (2011), Gewaltfreie Kommunikation: Eine Sprache des Lebens.

27 Rosenberg, Marshall B. (2011): Erziehung, die das Leben bereichert: Gewaltfreie Kommunikation im Schulalltag.

28 Rosenberg, Marshall B. (2011): Erziehung, die das Leben bereichert: Gewaltfreie Kommunikation im Schulalltag.

29 Sehen Sie hierzu auch Schlüsselunterscheidung 9, den Unterschied zwischen der „Ehrlichkeit des Wolfes" und der „Ehrlichkeit der Giraffe".

30 Lichtenberg, Georg Christoph (1974): Aphorismen, Schriften, Briefe. , herausgegeben von Wolfgang Promies in Zusammenarbeit mit Barbara Promies, Carl Hanser Verlag.

31 Lesen Sie mehr darüber in: Rosenberg (2011), Gewaltfreie Kommunikation: Eine Sprache des Lebens, besonders Kapitel 5, 11 und 12.

32 „Wandel" (schwed. „skifte") ist hier im Sinne des englischen „shift" zu verstehen.

33 Rosenberg, Marshall B. (2010): Wie ich dich lieben kann, wenn ich mich selbst liebe: Ein praktischer Ratgeber zu einer neuen Art von Beziehungen.

34 http://utveckling.mastercoach.se